WITHDRAWN

Tyndale House Publishers
Carol Stream, Illinois

EL CIELO
para niños

RANDY
ALCORN

CON LINDA WASHINGTON

Visite la apasionante página de Tyndale Español en Internet: www.tyndaleespanol.com

TYNDALE y la pluma del logotipo son marcas registradas de Tyndale House Publishers, Inc.

El León, la Bruja y el Ropero y *Narnia* son marcas registradas de C. S. Lewis (Pte) Ltd.

El Cielo para Niños

© 2008 por Eternal Perspective Ministries. Todos los derechos reservados.

Fotografía de la portada © por Andersen Ross/Getty Images. Todos los derechos reservados.

Fotografía del autor © 2007 por Olan Mills. Todos los derechos reservados.

Caligrafía © 2008 por Adrianna Nunez. Todos los derechos reservados.

Diseño: Jacqueline L. Nuñez

Edición del inglés: Betty Free Swanberg

Traducción al español: Raquel Monsalve

Edición del español: Cecilia Castro & Mafi E. Novella

Versículos bíblicos sin otra indicación han sido tomados de la *Santa Biblia*, Nueva Versión Internacional ®. NVI ®. © 1999 por la Sociedad Bíblica Internacional. Usado con permiso de Zondervan. Todos los derechos reservados.

Versículos bíblicos indicados con RV95 han sido tomados de la *Santa Biblia*, versión Reina Valera 1995®. © por las Sociedades Bíblicas Unidas. Usado con permiso. Todos los derechos reservados.

Versículos bíblicos indicados con BLS han sido tomados de la Biblia en Lenguaje Sencillo, © Sociedades Bíblicas Unidas, 2000. Usado con permiso. Todos los derechos reservados.

Publicado en inglés en 2006 como *Heaven for Kids* por Tyndale House Publishers, Inc. ISBN-10: 1-4143-1040-4; ISBN-13: 978-1-4143-1040-4.

Library of Congress Cataloging-in-Publication Data

Alcorn, Randy C.
[Heaven for kids. Spanish]
El cielo para niños / Randy Alcorn con Linda Washington ; [traducción al español, Raquel Monsalve].
    p. cm. — (Tyndale niños)
ISBN-13: 978-1-4143-1726-7 (sc)
ISBN-10: 1-4143-1726-3 (sc)
1. Heaven—Christianity—Juvenile literature. I. Washington, Linda M. II. Title.
    BT849.A4318 2008
    236'.24—dc22   2007042726

Impreso en los Estados Unidos de América

14   13   12   11   10   09   08
 7   6   5   4   3   2   1

Índice

Capítulo Siete:

¿Con quiénes pasaremos tiempo en el Cielo?

Reconocimientos

Quiero agradecer a las siguientes personas por sus importantes contribuciones a este libro:

A Linda Washington, por seleccionar de mi libro El Cielo las partes que parecían más apropiadas para los niños y hacerlas más interesantes. Esto me ayudó mucho al realizar mis revisiones.

A Betty Swanberg, por su destreza y cuidado en la edición del manuscrito y por ser una persona con quien es un placer trabajar.

A Karen Watson y a Jan Axford, por ser también personas con quienes es fácil trabajar y por la gran labor que realizan en Tyndale House.

A Elizabeth Kletzing, por su diligencia en la labor poco reconocida de revisar el estilo de este libro.

A Tiffany Pate, a Amy Campbell y a Angie Obrist, por leer el manuscrito al principio y ofrecer la invalorable perspectiva de mamás involucradas en la educación de sus hijos.

A Doreen Button y a Tim Newcomb, por leer cada línea y sugerir más revisiones.

A Bonnie Hiestand, por incorporar incansablemente muchos de los cambios.

A Kathy Norquist, por limpiar de errores el manuscrito antes de ser presentado.

A Sarah Ballenger, por hacer la investigación de varios asuntos importantes para mí.

A Linda Jeffries y a Janet Albers, por el excelente trabajo que hacen en EPM, lo cual me da tiempo libre para escribir libros.

A Nanci, mi encantadora esposa, quien le brinda tanto gozo y aliento a cada aspecto de mi vida.

A Jesús, la Persona sobre la cual trata el Cielo y la Nueva

xv

Tierra. Será maravilloso, Señor, precisamente porque tú eres tan maravilloso. Gracias por ofrecernos el Cielo a personas como yo . . . ¡y a cada niño y adulto que lea este libro!

Nota al lector

¿Cuántas veces has pensado en el Cielo durante la semana pasada? ¿Has hablado del tema, o le has formulado a alguien una pregunta acerca del Cielo? A menos que una persona o una mascota cercana a ti haya muerto (o esté muriendo), el tema del Cielo tal vez ni se te ocurrió. Sin embargo, puesto que tienes este libro en las manos, ya comenzaste a pensar en el Cielo. ¡Me alegro mucho!

Este libro contiene preguntas que muchas personas han formulado acerca de la vida después de la muerte. A medida que lo leas, tal vez encuentres algunas de las preguntas que tú mismo has formulado. Tal vez encuentres algunas preguntas que nunca pensaste formular. Pero creo que vas a encontrar interesante la mayor parte de ellas. He tratado de basar mis respuestas a estas preguntas en lo que Dios nos dice en la Biblia sobre el Cielo. (Hay muchas ideas equivocadas acerca del Cielo, pero siempre podemos depender de lo que nos dice la Biblia.) Al principio de cada capítulo vas a encontrar dos citas —una es de la Biblia, y la otra es de Las Crónicas de Narnia— que harán que comiences a pensar en las ideas del capítulo.

Pero ahora es tiempo de dar vuelta a la página y darle una mirada a la primera pregunta y respuesta. Tal vez quieras leer sólo una por vez, o puedes leer varias por vez. Tal vez también quieras buscar algunos versículos bíblicos. Tú y tu familia pueden hacer eso juntos. Siempre es divertido hablar con amigos de las cosas que estás leyendo y comentarles lo que estás aprendiendo.

Disfruta la exploración de la vida en el Cielo. Después de todo, es un lugar en el cual tú puedes vivir para siempre

algún día —un lugar en el que no habrá temor, enojo, tristeza
o enfermedad. Y no es sólo un lugar sin cosas malas. Es un
lugar lleno de cosas maravillosas: belleza, gozo, diversión,
muchas actividades y descanso cuando lo necesites. Tendremos aventuras sin fin junto a Jesús y los unos con los otros.
Es un lugar en el cual puedes vivir con Dios, quien es tu
maravilloso y fascinante Creador. Y es un lugar en el cual
puedes pasar tiempo con toda clase de personas interesantes
que serán tus amigos para siempre.

¡Fantástico!

Bueno, ¡realmente espero que disfrutes este libro!

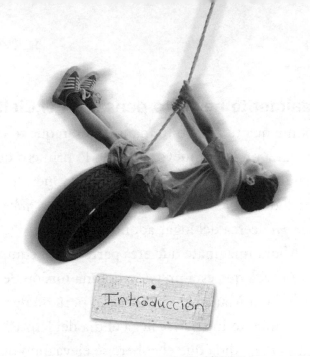

¿POR QUÉ DEBEMOS ESPERAR CON ANSIAS EL CIELO?

*Nosotros somos ciudadanos del cielo, de donde
anhelamos recibir al Salvador, el Señor Jesucristo.*

FILIPENSES 3:20

*[Alhaja el Unicornio] gritó: "¡He llegado a casa por fin! ¡Esta es
mi verdadera patria! Aquí es donde pertenezco. Esta es la tierra
que he estado buscando durante toda mi vida, aunque nunca
lo supe hasta ahora. La razón por la cual amamos la antigua
Narnia es que a veces se parecía un poquito a ésta. . . .
¡Vamos más hacia arriba, vamos más hacia adentro!"*

C. S. LEWIS, *La Última Batalla*

¿Realmente necesito pensar en el Cielo?

Suponte que tu papá o tu mamá dijeran que te vas
a mudar a un lugar nuevo. ¿Qué es lo primero que
harías? Les harías preguntas, ¿verdad? Querrías
saber todo, el *quién*, el *cómo*, el *cuándo*, el *dónde* y
el *por qué* acerca del lugar adonde vivirás.

Ahora imagínate que eres parte de un equipo
de la NASA que está preparando una misión de
cinco años a Marte. Después de un período de
adiestramiento intensivo, llega el día del lanza-
miento. A medida que el cohete se eleva, uno de
los astronautas te pregunta: —¿Qué es lo que sabes
acerca de Marte?

Imagínate que te encoges de hombros y le res-
pondes: —Nada. Nunca hablamos sobre eso. Creo
que lo voy a averiguar cuando llegue allí.

¿Crees que sucedería así? No es muy probable, ¿verdad? Parte de tu entrenamiento te habría
preparado para el lugar donde vivirías durante los
próximos cinco años. Habrías estado hablando de
Marte durante las veinticuatro horas del día, ¿no es
verdad? *Después de todo, ¡es allí adonde te diriges!*

Tal vez en algún momento de tu vida has
dicho: "Creo que Jesús murió por las cosas malas
que he hecho" (más sobre esto en el capítulo diez).

Tal vez ya le has pedido perdón y has depositado tu fe en él. Si es así, la Biblia te promete que el Cielo será tu futuro hogar. Jesús mismo lo dijo: "En el hogar de mi Padre hay muchas viviendas; si no fuera así, ya se lo habría dicho a ustedes. Voy a prepararles un lugar. Y si me voy y se lo preparo, vendré para llevármelos conmigo" (Juan 14:2-3).

Cuando mi familia realiza un viaje, nos gusta saber con anticipación cómo es el lugar adonde vamos. Si estamos planeando unas vacaciones, miramos los folletos, los mapas y los sitios en Internet. Queremos saber de las atracciones y de todas las cosas que hacen del lugar un sitio digno de visitar.

Cuando sabemos por adelantado cómo es el Gran Cañón de Arizona o Disney World o el campamento de verano, eso nos ayuda a entusiasmarnos y a anhelar visitar ese lugar. La Biblia dice: "Pero, según su promesa, esperamos un cielo nuevo y una tierra nueva, en los que habite la justicia" (2 Pedro 3:13). Pero no vamos a anhelar ese lugar a menos que sepamos, antes de llegar allí, algunas cosas acerca de las atracciones que tiene, ¿no es verdad?

Así que si el Cielo, o como lo llama el versículo "un cielo nuevo y una tierra nueva," va a ser tu hogar algún día, ¿no sería fantástico aprender todo lo que puedas acerca de él ahora? De esa forma, puedes pasar toda tu vida anhelando ir al lugar que será tu hogar para siempre.

De eso es de lo que trata este libro.

¿No es suficiente sólo pensar en estar con Jesús?

Cada uno de nosotros fue creado para una persona. Y también hemos sido hechos para un lugar. Jesús es la persona. El Cielo es el lugar.

Jesús vive en el Cielo y está preparando un lugar para nosotros allí. Así que si anhelamos estar con Jesús, es igual que anhelar estar en el Cielo. ¿Por qué? Porque allí es donde estaremos con él. Así que cada vez que pensamos en estar con Jesús, estamos pensando acerca del Cielo. Y cada vez que pensamos en el Cielo, deberíamos estar pensando en Jesús.

¿Qué es lo que espero con ansias?

Seamos honestos. ¿Estás anhelando *realmente* ir al Cielo? Tal vez dentro de setenta u ochenta años,

¿verdad? Después de que hayas hecho todas las cosas que quieres hacer.

Piensa en algunas de las cosas que esperas con ansias:

- La Navidad u otro día festivo favorito

- Tu cumpleaños, el cumpleaños de tu hermana (bueno, tal vez no) o quizás el cumpleaños de tu perro

- Ir a tu lugar favorito (como el zoológico, la playa, el bosque, el río o tal vez a un parque de diversiones)

- El último día de clases y el comienzo de las vacaciones de verano

- Ver una película que te han dicho que es buenísima

- Comprar el próximo libro de tu serie favorita

¿Por qué anhelas todas esas cosas? "¡Ya, pues!" tal vez dirías. La respuesta es obvia. Debido a lo que ya sabes acerca de esas cosas, usas la imaginación que te dio Dios. Casi puedes gustar, palpar, oler, escuchar y ver todas las cosas maravillosas que esperas.

Por ejemplo, si se acerca tu cumpleaños, tal vez puedas gustar, palpar, oler, escuchar y ver un pastel de chocolate cubierto con crema, la risa de los amigos y los regalos. Tal vez anhelas ver a tus primos, tías y tíos que no has visto por un tiempo. O tal vez estás contando en recibir muchos buenos regalos.

Pero ¿adivina qué? Anhelar el Cielo no es diferente. En realidad, anhelar el Cielo es aún mejor que anhelar la Navidad o tu cumpleaños. Sin embargo, muchas personas encuentran esto difícil de creer porque no saben cómo imaginarse el Cielo. No saben cómo esperarlo con ansias.

¿Te describe eso a ti?

¿Qué es lo que la gente cree acerca del Cielo?

Hablando de descripciones, ¿cuáles son algunas de las palabras que usarías para describir el Cielo? *Divertido* y *emocionante* ¿serían las palabras que usarías?

Tal vez te sorprenda descubrir que mucha gente no encuentra gozo alguno cuando piensan en el Cielo. ¿Te preguntas por qué? No anhelan ir allí debido a lo que creen que es el Cielo.

Gary Larson mostró una perspectiva común del Cielo en una de sus tiras cómicas de *Far Side* (son muy populares en los Estados Unidos; muchas veces presentan animales portándose como personas y otras situaciones imaginarias). En ella, un hombre con alas de ángel y una aureola está sentado solito en una nube, sin hacer nada. El hombre tiene la expresión de alguien que está solo en una isla desierta, aburrido porque no tiene absolutamente nada que hacer. El subtítulo muestra lo que el hombre piensa: "Ojalá hubiera traído una revista."

¿Es esa tu perspectiva de cómo será el Cielo? ¿O es lo que piensa alguien que conoces? Muchas personas temen que el Cielo será . . . aburrido.

Cuando eras más pequeño, tal vez viste la película *Todos los Perros Van al Cielo*. Trata de recordar. Charles B. Barkin (Charlie), un perro pastor alemán, va al cielo porque, por supuesto, todos creen que "todos los perros van al cielo." Pero Charlie no quiere estar en el Cielo. ¿Por qué? Porque no hay sorpresas, por lo menos no sorpresas emocionantes. Todo es predecible. Aun la temperatura está fija en 23 grados Celsius, lo cual le suena muy aburrido a Charlie. Él prefiere la emoción de la vida en la Tierra a una eternidad de flotar en una nube usando alas y una aureola. Así que él rechaza el Cielo y regresa a la Tierra.

En la continuación (*Todos los Perros Van al Cielo 2*), Charlie explica sus frustraciones con el Cielo cuando canta: "Es demasiado celestial aquí. Es demasiado pacífico y como el paraíso." En otras palabras, el Cielo le resulta aburrido a él.

¿Predecible? ¿Aburrido? ¿Años sin fin de la misma cosa, de lo mismo? ¡Nadie anhelaría algo así! Te tengo buenas noticias. Charlie está completamente equivocado. El Cielo no es así. *¡De ninguna forma!*

¿Has leído algunos de los libros de Peter Pan y anhelado vivir en un lugar hermoso y mágico como el País de Nunca Jamás, pero sin el Capitán Garfio y todos los piratas malos? Bueno, de lejos, el Cielo es un lugar mejor que el País de Nunca Jamás. ¿Cómo lo sé? De lo que la Biblia dice acerca del Cielo.

Es por eso que este libro provee una perspectiva diferente del Cielo: como un lugar sobre el que vale la pena pensar, hablar y soñar. En realidad, una vez que entiendas lo que la Biblia dice acerca del Cielo, *¡tú también anhelarás de todo corazón vivir allí!*

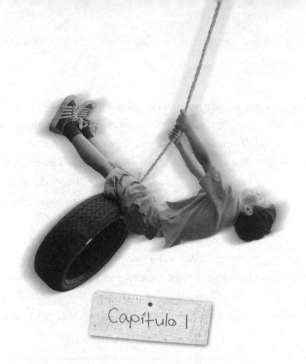

Capítulo 1

¿QUÉ PODEMOS SABER ACERCA DEL CIELO?

Me llevó en el Espíritu a una montaña grande y elevada, y me
mostró la ciudad santa, Jerusalén, que bajaba del cielo, procedente
de Dios. Resplandecía con la gloria de Dios, y su brillo era como
el de una piedra preciosa. . . . Tenía una muralla grande y alta.
. . . Las doce puertas eran doce perlas. . . . La calle principal
de la ciudad era de oro puro, como cristal transparente. . . .
La gloria de Dios la ilumina [a la ciudad], y el Cordero es
su lumbrera. Las naciones caminarán a la luz de la ciudad.

APOCALIPSIS 21:10-12, 21, 23-24

—Apuesto a que no hay un país como éste en ningún lugar de nuestro mundo. ¿Has visto los colores? No podrías conseguir un azul como el azul de aquellas montañas allá en nuestro mundo.

—¿No será la tierra de Aslan? —preguntó Tirian. . . .

—Esas colinas —dijo Lucía—, esas tan lindas llenas de bosques y las otras más atrás, ¿no se parecen muchísimo a la frontera sur de Narnia?

—¡Iguales! —exclamó Edmundo, luego de un momento de silencio—. Pero si son exactamente iguales. . . .

—Y sin embargo, no son iguales —insistió Lucía—. . . . son más . . ., más . . . .

—Más parecidas a algo real —dijo suavemente el señor Dígory.

C. S. Lewis, *La Última Batalla*

¿Es el Cielo un lugar real?

Antes de contestar a esa pregunta, déjame contarte una historia. Comenzando en el año 1271 d.C., un explorador llamado Marco Polo viajó desde su ciudad natal, Venecia, en Italia, a China y no regresó a su hogar por veinticuatro años. ¡Ese sí que fue un l-a-a-r-g-o viaje! Cuando regresó a Venecia, él describió un mundo que la gente de Italia nunca había visto. Aunque China era un lugar real, era muy diferente de Italia. Así que Marco Polo tuvo que usar descripciones vívidas e ideas que la gente de Venecia conocía para describir lo que había visto.

En *Los Viajes de Marco Polo,* él describió la
ciudad que ahora llamamos Beijing diciendo: "Está
rodeada de paredes hechas de tierra. . . . Tiene 12
puertas, y sobre cada puerta hay un palacio grande y
hermoso. . . . Todos los lotes sobre los cuales se han
construido las casas son cuadrados y están diseña-
dos con líneas rectas. . . . Cada lote cuadrado está
rodeado de hermosas calles para el tránsito. Así que
toda la ciudad está construida de cuadrados al igual
que un tablero de ajedrez."

Piensa en lo que harías si estuvieras tratando
de describir un lugar que tú has visto, pero que
nadie más ha visto. Tal vez compararías a ese
lugar con otros lugares familiares, diciendo: "Era
como . . ." o, "Me hizo acordar de . . ." Eso fue lo
que Juan, uno de los doce discípulos de Jesús, y
otros escritores de la Biblia hicieron para ayudar a
sus lectores a entender cómo es el Cielo. Describie-
ron el Cielo como un jardín, una ciudad, un país,
un reino y como el "paraíso."

Pero mucha gente todavía no está segura de
que el Cielo es un lugar real. Hasta hay gente que
cree que el Cielo está habitado por fantasmas que
flotan en las nubes. La Biblia nos dice que el Cielo
es un lugar real —tan real como el planeta Tierra.

En realidad, Dios llama al lugar en el cual viviremos para siempre la "Nueva Tierra."

Nosotros somos seres humanos. No fuimos creados para vivir como fantasmas en un lugar fantasmal, y menos en las nubes. (En realidad, nadie puede vivir en una nube. Si has volado en un avión, has visto a las nubes de cerca. ¡Están hechas de agua!)

Si conocemos a Jesús, vamos a entrar al Cielo cuando muramos. Y algún tiempo después de que Jesús regrese a la Tierra, Dios nos promete que nos llevará a vivir en la Nueva Tierra, que es un mundo que tiene suelo, árboles y agua: "Presten atención, que estoy por crear un cielo nuevo y una tierra nueva. No volverán a mencionarse las cosas pasadas, ni se traerán a la memoria" (Isaías 65:17).

Este lugar será mucho más hermoso de lo que podamos siquiera imaginar. (Pero eso no quiere decir que no debemos usar la imaginación cuando pensamos en ese lugar ahora.)

¿De dónde sacamos nuestras ideas sobre el Cielo?

¿Cómo llamarías tú a alguien que te miente, te roba y es malo contigo todo el tiempo? Llamarías a esa persona un enemigo. (No, esta no es una descrip-

ción de tu primo ni del muchacho que te molesta
continuamente en la escuela.)

Como tal vez sepas, los cristianos tienen un
enemigo. Tiene varios nombres: Lucifer, Satanás
y el diablo.

En *El León, la Bruja y el Ropero,* la Bruja
Blanca es como el diablo.

"Ella es una persona totalmente terrible," ase-
guró Lucía. "Se llama a sí misma la Reina de
Narnia, a pesar de que no tiene ningún derecho. . . . Puede transformar a la gente en piedra y hacer toda clase de maldades horribles.
Con su magia mantiene a Narnia siempre en
invierno; siempre es invierno, pero nunca llega
la Navidad."

Tal vez a ti te gusta el invierno. A mí me gusta.
Pero no me gustaría un invierno que dure cien años.
Esto es lo que ha durado el invierno en Narnia
debido al hechizo de la Bruja. La mayor parte de
las criaturas no han visto otra estación. A mí no
me gustaría pasar el invierno sin la Navidad, ¿y a
ti? Esa es la mejor parte en cuanto al invierno (por
lo menos en los lugares donde llega la Navidad en

el invierno). Pero Satanás no quiere que nosotros creamos en Jesús, al igual que la Bruja Blanca no quiere que nadie crea en Aslan o que piense en él.

(De paso, en algunas historias como *El Mago de Oz,* las brujas blancas son buenas. Pero en Narnia, el *blanco* de la "Bruja Blanca" representa la frialdad y la muerte del pecado. En realidad, no existe tal cosa como una bruja buena en Narnia . . . o en la Biblia. Deuteronomio 18:10-14 hace una advertencia contra la brujería, la adivinación, la magia, las predicciones, el encantamiento, los médiums, los espiritistas, y cualquiera que intente hablar con los muertos. Dios quiere que te mantengas alejado de todas esas cosas, incluyendo los tableros de ouija y las cartas de tarot, porque él odia todo eso. Si algunos amigos tratan de convencerte de que uses esas cosas, debes decirles *no,* y debes hablar con tus padres; quizás hasta debas buscar amigos nuevos.)

La Bruja Blanca está mintiendo siempre. Si has leído el libro o has visto la película, recordarás como ella le miente a Edmundo y le hace pensar que va a ser buena con él. Y trata de conseguir que él traicione a su hermano y a sus hermanas. La Bruja miente en cuanto a Aslan, al igual que Satanás nos miente en

cuanto a Jesús y nos miente en cuanto al hogar de
Dios —el Cielo.

Jesús dijo en cuanto al diablo: "Cuando miente,
expresa su propia naturaleza, porque es un mentiroso. ¡Es el padre de la mentira!" (Juan 8:44).
Algunas de las mentiras favoritas de Satanás están
relacionadas al Cielo. Él no quiere que tú sepas que
el Cielo es en realidad un lugar maravilloso. Él no
quiere que tú ames a Jesús, o que vayas al Cielo, o
que anheles ir allí.

El diablo fue expulsado del Cielo por tratar de
hacerse igual a Dios (Isaías 14:12-15). Él se amargó,
no sólo contra Dios, sino también contra la gente y
contra el mismo Cielo. Él había tratado de apode-
rarse del Cielo, pero fue expulsado de allí. Tal vez
esto suene como una historia inventada, pero es
verdad. La Biblia dice que realmente sucedió.

Se nos dice lo siguiente sobre la Bruja Blanca:
"Parte de la magia de ella consistía en que podía
hacer que las cosas parecieran lo que no eran."
Satanás está siempre haciendo lo mismo. Siempre
lo está haciendo en cuanto al Cielo y, desafortunada-
mente, le ha dado resultado. Ha hecho que el Cielo
parezca aburrido. Satanás no necesita convencernos
de que el Cielo no es real. Todo lo que necesita hacer

es hacernos creer que el Cielo es un lugar que no disfrutaríamos. Es como cuando se planea un viaje a Disney World o a algún otro lugar divertido y que un niño a quien se le ha prohibido la entrada allí en forma permanente (porque trató de incendiarlo, o algo por el estilo), nos diga: "Oh, vas a detestar Disney World. Es un lugar aburrido."

Si creemos lo que Satanás dice en cuanto al Cielo, no vamos a querer vivir allí o aun pensar sobre ese lugar. Pero puesto que sabemos que Satanás miente muy bien, deberíamos recordarnos a nosotros mismos lo importante que es lo que dice la Biblia. Entonces podemos ignorar los pensamientos que Satanás nos pone en la mente acerca de que el Cielo no es un lugar maravilloso para vivir.

Así que, ¿cómo podemos saber cómo es el Cielo si nunca lo hemos visto?

¿Cuál es tu libro de fantasía favorito? *¿El Hobbit?* *¿El Señor de los Anillos? ¿Una Arruga en el Tiempo?* ¿Cuál es la serie de fantasía que más te gusta? ¿Las Crónicas de Narnia? ¿La serie Pendragon? En muchos libros de fantasía, puedes "ver" el mundo que se describe, debido a la vívida imaginación del autor. Pero sin embargo, lugares como la Tierra Media y Narnia en realidad no existen. (¿No te gustaría que existieran?)

El Cielo no es un mundo de fantasía basado en la imaginación de alguien. Es un lugar real creado por Dios. Sin embargo, mucha gente cree que es imposible saber algo sobre este lugar.

Cuando le mencioné a un amigo que estaba escribiendo un libro sobre el Cielo, él me dijo: "La Palabra de Dios dice que 'Ningún ojo ha visto, ningún oído ha escuchado, ninguna mente humana ha concebido lo que Dios ha preparado para quienes lo aman.'" (Él estaba citando un versículo bíblico, 1 Corintios 2:9.)

"Así que, ¿de qué vas a hablar?" me preguntó. "En realidad no podemos saber lo que Dios ha preparado para nosotros en el Cielo."

Tal vez tú has pensado lo mismo. ¿Cómo podemos saber algo sobre el Cielo, que es un lugar que no podemos ver? Es así de simple: Dios nos habla sobre el Cielo en la Biblia. Mi amigo terminó la cita demasiado pronto, porque el versículo 10 de 1 Corintios 2 dice lo siguiente sobre lo que no hemos visto o escuchado: "Ahora bien, Dios nos ha revelado esto por medio de su Espíritu." Así que

Dios nos ha revelado en su Palabra cosas no vistas, incluyendo cosas acerca del Cielo.

Dios no quiere que nos encojamos de hombros como queriendo decir que no tiene sentido que tratemos de aprender acerca del Cielo. En cambio, él quiere que prestemos atención a lo que la Biblia dice acerca de este maravilloso lugar para que anhelemos lo que él tiene para nosotros.

Por supuesto que hay muchas cosas acerca del Cielo que no sabremos hasta que lleguemos allí. Eso está bien, ¿no te parece? En la Tierra hay sorpresas buenas y sorpresas malas, pero en el Cielo, Dios nos dará solamente sorpresas buenas. Y tiene muchas que nos están esperando. Yo las espero con ansias. ¿Y tú?

Si somos buenos, ¿quiere decir eso que algún día iremos al Cielo?

Mucha gente cree que todos los que son buenos van a ir al Cielo. Pero la Biblia dice que nadie puede ser lo suficientemente bueno como para ir allí. Todos nosotros hemos hecho cosas malas (a eso se le llama *pecado*). Al igual que Edmundo, que es adicto a las delicias turcas de la Bruja en *El León, la Bruja y el Ropero,* nosotros nos hacemos adictos al pecado. Se convierte en un hábito en que hagamos cosas

malas para conseguir lo que queremos, aun cuando
esas cosas no nos satisfagan. (Al igual que las delicias turcas no satisfacen a Edmundo, pero de todas
formas él continúa comiéndolas.)

Debido a que Dios es tan bueno y que sólo
quiere lo que es bueno, no puede tolerar el pecado.
La Biblia dice que "la paga del pecado es muerte"
(Romanos 6:23). Basado en ese versículo, he aquí
la forma en que el libro sobre Narnia lo expresa
cuando Edmundo peca:

"Tienes un traidor aquí, Aslan," dijo la Bruja.

Por supuesto, todos comprendieron que ella se
referí a Edmundo. . . . —¿Te has olvidado de
la Magia Profunda? —preguntó la Bruja.

—Digamos que la he olvidado —contestó
Aslan gravemente—. Cuéntanos acerca de esta
Magia Profunda.

—¿Contarte a ti? —gritó la Bruja, con un
tono que repentinamente se hizo más y más
chillón—. ¿Contarte lo que está escrito en
la Mesa de Piedra que está a tu lado? . . . Al

menos tú conoces la magia que el Emperador estableció en Narnia desde el comienzo mismo. Tú sabes que todo traidor me pertenece; que, por ley, es mi presa, y que por cada traición tengo derecho a matar.

Todos los pecadores merecen morir y todos nosotros somos pecadores. Cuando lees acerca de Edmundo, o cuando miras la película, recuérdate a ti mismo que él no es el único que merece morir por sus pecados. Todos lo merecemos.

Una de las buenas criaturas de Narnia desafía a la Bruja y a los seguidores de ella a una pelea para evitar que maten a Edmundo por su pecado. He aquí la respuesta de la Bruja, seguida por la respuesta de Aslan:

—¡Tonto! —dijo la Bruja, con una sonrisa salvaje que casi parecía un gruñido—. ¿Crees realmente que tu amo puede despojarme de mis derechos por la sola fuerza? Él conoce la Magia Profunda mejor que eso. Sabe que, a menos que yo tenga esa sangre, como dice la Ley, toda Narnia será destruida y perecerá en fuego y agua.

—Eso es muy cierto —dijo Aslan—. No lo niego.

La Biblia nos dice algo muy parecido a esto en Hebreos 9:22, porque de acuerdo a la ley de Moisés, "sin derramamiento de sangre no hay perdón."

La magia escrita en la Mesa de Piedra se puede comparar a la Ley de Dios escrita en las tablas de piedra que se le dieron a Moisés. A menos que alguien que es puro y justo derrame sangre, no se puede conceder perdón por los pecados y nadie puede ir al Cielo. Esa no ha sido idea del diablo, como no lo es tampoco de la Bruja Blanca. Es el carácter santo de Dios el que lo requiere.

Después de escuchar que Edmundo tiene que morir por sus pecados, su hermana Lucía le pregunta a Aslan: "¿Hay algo que se pueda hacer para salvar a Edmundo?"

La respuesta de Aslan es poderosa: "Se hará todo lo que se pueda. . . . Pero es posible que resulte más difícil de lo que ustedes piensan." Y Aslan se entristece mucho. ¿Por qué? Él sabe el terrible sufrimiento y la muerte que le esperan. Es la única manera de salvar a Edmundo.

Jesús experimentó lo mismo en el huerto de

Getsemaní. Él les dijo a sus discípulos: "Es tal la
angustia que me invade, que me siento morir. . . .
Quédense aquí y manténganse despiertos conmigo"
(Mateo 26:38).

Los que servían a la Bruja Blanca pusieron
a Aslan sobre su espalda y le ataron las patas,
vitoreando como si hubieran sido muy valientes.
Lewis agrega que "con sólo una de sus garras el
León podría haberlos matado a todos si lo hubiera
querido." Cuando fue arrestado, Jesús dijo que
hubiera podido clamar a Dios, su Padre en el
Cielo, para que le mandara más de doce batallo-
nes (legiones) de ángeles para que lo protegieran
(Mateo 26:53).

Si tú tuvieras el poder para hacer eso, ¿no habrías
llamado a esos ángeles en un instante? Yo lo hubiera
hecho. Pero Jesús no lo hizo porque él nos ama
mucho —recuerda que él fue a la cruz para salvarnos.

Aslan no hace ningún ruido; Jesús tampoco dijo
ni una sola palabra (Mateo 26:63). Aun cuando los
enemigos de Aslan apretaron las cuerdas de modo
que le cortaron la carne, él no luchó contra ellos.

Los soldados que estaban con Jesús se burla-
ron de él y le pegaron (Lucas 22:63). De manera
similar, la Bruja ordena que afeiten a Aslan, su rey

verdadero. Cortan su hermosa melena, luego se burlan de él diciéndole: "¿Cuántos ratones cazaste hoy, gato?"

En el relato, Aslan está dispuesto a dar su vida por Edmundo. Jesús fue a la cruz a morir por nosotros, no sólo en un relato, sino como parte de la verdadera historia. Y él nos ama tanto que hubiera muerto por nosotros aun si tú y yo fuéramos los únicos que lo necesitáramos.

¿Sientes deseos de agradecerle por amarte tanto? Dale gracias. Lo puedes hacer ahora mismo. . . .

Afortunadamente, la narración no termina con la muerte de Cristo. Él volvió a la vida con el mismo cuerpo. (Esto es lo que se llama la "Resurrección.") Su resurrección es muy importante para nuestra fe cristiana. Y es la llave que abre nuestra comprensión del Cielo y de cómo será este lugar.

¿Tendremos verdaderos cuerpos en el Cielo?

Para entender cómo es el Cielo en el que viviremos, es necesario entender cómo seremos *nosotros*.

Los peces no viven en la tierra seca; viven en el agua. La gente no vive en casillas de perros o en jaulas de hámsters. Tu dormitorio no se hizo para que un elefante durmiera en él —especialmente no en la litera de arriba.

Puesto que Cristo prometió que está preparando un lugar *para nosotros,* podemos esperar que el Cielo será un lugar totalmente apropiado para la clase de personas que seremos.

Buenas noticias. La Biblia nos dice cómo seremos cuando vivamos en el Cielo para siempre. Después de que Jesús regrese, Dios va a tomar todos los cuerpos de las personas que murieron, aun miles de años antes, y los hará cuerpos fuertes y sanos. Nuestros cuerpos serán como el cuerpo de Cristo después de que él resucitó de los muertos. La Biblia dice que "él transformará nuestro cuerpo miserable para que sea como su cuerpo glorioso" (Filipenses 3:21).

Así que, si sabemos cómo fue el cuerpo resucitado de *Cristo,* sabemos cómo será el *nuestro.* El Cristo resucitado les dijo a sus seguidores: "Miren mis manos y mis pies. ¡Soy yo mismo! Tóquenme y vean; un espíritu no tiene carne ni huesos, como ven que los tengo yo" (Lucas 24:39). Jesús tenía un cuerpo físico que la gente podía tocar y ver. Él comió con sus discípulos y caminó por la Tierra. Nosotros haremos lo mismo en la Nueva Tierra.

En *El León, la Bruja y el Ropero,* después de

que Aslan es matado, él vuelve a la vida y les dice a los niños lo mismo que el Jesús resucitado les dijo a sus discípulos.

—Entonces no estás muerto, querido Aslan —dijo Lucía.

—Ahora no.

—No es . . . no es un . . . —preguntó Susana con voz vacilante, sin atreverse a pronunciar la palabra *fantasma*.

Aslan inclinó la cabeza y con su lengua acarició la frente de la niña. El calor de su aliento y un agradable olor que parecía desprenderse de su pelo, la invadieron.

—¿Lo parezco? —preguntó.

—¡Es real! ¡Es real! ¡Oh Aslan! —gritó Lucía y ambas niñas se abalanzaron sobre él y lo besaron.

Te puedes imaginar lo contentas que están las niñas ahora que Aslan ha vuelto a la vida. Eso te debería ayudar a imaginar lo contentos que estuvieron los discípulos cuando Jesús volvió a vivir. Casi no lo podían creer.

Aslan representa a Jesús, el verdadero Hijo del Gran Emperador, Dios el Padre. Y la muerte de Aslan por los pecados de Edmundo es la representación de Jesús muriendo por todos nuestros pecados. La vuelta a la vida de Aslan es una representación de la resurrección de Jesús.

Recuerda, la Biblia dice que Jesús volvió a vivir después de que murió. Y en el día de la resurrección, nosotros volveremos a vivir después de haber muerto. Al igual que Jesús tenía un verdadero cuerpo que sus seguidores pudieron tocar, nosotros también tendremos verdaderos cuerpos.

¿Nos divertiremos en nuestros cuerpos resucitados? ¡Por supuesto que sí! Después de que volvió a vivir, Jesús comió y bebió con sus discípulos. En el libro *El León, la Bruja y el Ropero,* Aslan salta por encima de las cabezas de las niñas después de su resurrección, luego se zambulle entre ellas, después las levanta y las arroja al aire con sus "aterciopeladas garras" y las ataja. Ellas se revuelcan y ríen.

Lewis escribe:

Era una clase de juego y de saltos que nadie ha practicado jamás fuera de Narnia. Lucía no podía determinar a qué se parecía más todo esto: si a jugar con una tempestad de truenos o con un gatito.

Entonces Aslan les advierte a las niñas que se pongan los dedos en los oídos, y ruge tan ferozmente que todos los árboles frente a él se inclinan ante el ventarrón de su rugido.

Esa es una gran imagen del poder de la resurrección de Cristo, y de lo real y poderoso que es el cuerpo de resurrección de Cristo. Nuestros cuerpos resucitados serán así de reales.

Después de regocijarse por la resurrección de Aslan, las niñas todavía están tratando de darse cuenta del significado de todo esto.

"Quiere decir," dijo Aslan, "que, a pesar de que la Bruja conocía la Magia Profunda, hay una magia más profunda aún que ella no conoce. Su saber se remonta sólo hasta el amanecer del tiempo. Pero si a ella le hubiera sido posible mirar más hacia atrás, en la oscuridad y la quietud, antes de que el tiempo amaneciera, hubiese podido leer allí un encantamiento diferente. Y habría sabido que cuando una víctima voluntaria, que no ha cometido traición, es ejecutada en lugar de un traidor, la Mesa se quiebra y la muerte misma comienza a trabajar hacia atrás."

Las palabras *magia* y *encantamiento* se refieren a las antiguas leyes de Dios. Cristo no sólo murió por nuestros pecados, sino que conquistó a la muerte por nosotros, derrotándola con su resurrección. Así que, aun cuando muramos, la muerte no nos va a impedir que vivamos para siempre con cuerpos nuevos, fuertes y saludables.

¿Podemos estar seguros de que iremos al Cielo en lugar de ir al Infierno?

Piensa en Edmundo en Narnia. Realmente, él merece morir. No hay nada que pueda hacer Edmundo para salvar su vida. Es un regalo que le hace Aslan. Nadie va al Cielo basado en sus propias buenas obras. Llegamos allí solamente como un regalo de Jesús.

En la historia de Narnia, ¿ves cómo la muerte

de Aslan en la Mesa de Piedra es necesaria para salvar a Edmundo? En el mundo real, ¿ves por qué la muerte de Cristo en la cruz fue necesaria para salvarte a *ti*?

Dios nos da la oportunidad de que le digamos: "Estoy arrepentido de mis pecados." Él permite que elijamos si queremos o no queremos confiar en Jesús. El arrepentimiento por nuestros pecados —y confiar en Jesús y en lo que él hizo por nosotros— es el único camino para hacer que el Cielo sea nuestro futuro hogar. En *El León, la Bruja y el Ropero*, el sacrificio de Aslan por Edmundo nos ayuda a entender lo que dice la Biblia en Romanos en cuanto a que merecemos morir por nuestros pecados y que Cristo murió en nuestro lugar:

> Pero ahora, sin la mediación de la ley, se ha manifestado la justicia de Dios, de la que dan testimonio la ley y los profetas. Esta justicia de Dios llega, mediante la fe en Jesucristo, a todos los que creen. De hecho, no hay distinción, pues todos han pecado y están privados de la gloria de Dios, pero por su gracia son justificados gratuitamente mediante la redención que

Cristo Jesús efectuó. Dios lo ofreció como un sacrificio de expiación que se recibe por la fe en su sangre. (Romanos 3:21-25)

Cristo les ofrece a todos el don del perdón, salvación y vida eterna. "El que tenga sed, venga; y el que quiera, tome gratuitamente del agua de la vida" (Apocalipsis 22:17).

La vida eterna es vivir con Dios gozosamente para siempre.

¿Sabes lo que quiere decir *salvación*? Es ser rescatados del castigo eterno por nuestros pecados. Debido a que Jesús pagó el precio por nuestros pecados en la cruz, nosotros podemos ser salvados del Infierno y Dios nos puede llevar al Cielo.

Fíjate que Jesús dice que podemos tomar "gratuitamente"; lo que quiere decir es que no la podemos ganar: "Porque por gracia ustedes han sido salvados mediante la fe; esto no procede de ustedes, sino que es el regalo de Dios, no por obras, para que nadie se jacte" (Efesios 2:8-9).

Jesús vino "para anular, mediante la muerte, al que tiene el dominio de la muerte —es decir, al diablo—, y librar a todos los que por temor a la muerte

estaban sometidos a esclavitud durante toda la vida"
(Hebreos 2:14-15).

¿Qué es lo que nos libra del temor a la muerte?
Sólo una relación con Jesús, quien murió en nuestro
lugar y ha ido a preparar un hogar para nosotros en
el Cielo.

El Cielo es un lugar especialísimo donde la
gente va cuando muere. Pero no así el lugar que se
llama Infierno. El Infierno es un lugar terrible, y
Jesús, más que ninguna otra persona en la Biblia,
nos advirtió al respecto. Dios no vive en el Infierno
y nunca vivirá allí. Puesto que Dios es el dador de
todas las cosas buenas, nada bueno habrá jamás en
el Infierno. Sin Dios, nada bueno hay. Es así de
simple.

La gente va al Infierno debido a sus pecados.
Las malas noticias son que, puesto que todas las
personas han pecado, el Infierno es el lugar al cual
van automáticamente todas las personas cuando
mueren si nunca le han pedido a Jesús que les perdone sus pecados.

Las buenas noticias son que nadie *tiene* que ir al
Infierno. ¿Sabes cuál es la configuración automática
en un programa de computación? Es lo que hará
maquinalmente la computadora a menos que se le

hagan cambios. Dios nos amó tanto que hizo posible invalidar la configuración automática del pecado que nos destinaría al Infierno. Jesús murió por nosotros, cargando la culpa por nuestros pecados. Él permitió que le dieran la pena de muerte en la cruz para que nosotros no acabáramos en el Infierno. En cambio, podemos estar con él en el Cielo. El sacrificio de Jesús demuestra cuánto nos ama.

Pero no es suficiente saber todas estas cosas. Tenemos que estar seguros de que aceptamos la oferta del perdón de Dios. Debemos aceptar con agradecimiento su don gratuito de vida eterna para poder estar con Jesús para siempre. Entonces podemos saber con toda seguridad de que cuando muramos, iremos al Cielo. (Para más información sobre este tema, fíjate en el capítulo diez.)

¿Qué quiere decir acumular tesoros en el Cielo?

¿Tienes una cuenta de ahorros, o tal vez una alcancía en tu cuarto? Estás juntando dinero porque quieres ahorrar para comprar algo importante en el futuro. Cuando tienes una meta —es decir, algo que quieres hacer y que es importante para ti— tu vida es beneficiada por esa meta. Si estás ahorrando para comprarte una bicicleta o una cámara digital, probablemente no gastarás el dinero hasta que hayas logrado tu meta. Depositarás dinero en tu alcancía o en tu cuenta de ahorros.

¿Sabías que puedes hacer depósitos en el Cielo? Jesús dijo: "No acumulen para sí tesoros en la tierra, donde la polilla y el óxido destruyen, y donde los ladrones se meten a robar. Más bien, acumulen para sí tesoros en el cielo, donde ni la polilla ni el óxido carcomen, ni los ladrones se meten a robar" (Mateo 6:19-20).

Así que, ¿qué quiere decir eso? Bueno, mucha gente trabaja sólo para acumular más y más cosas. Pero cuando morimos, no podemos llevar ninguna de nuestras cosas al Cielo. Bueno, eso no quiere decir que es *malo* tener posesiones. Pero Dios quiere que la gente esté aún más interesada en las cosas que durarán más allá de esta vida.

¿Qué es lo que durará más allá de esta vida? Nuestra relación con Jesús y nuestra relación con otras personas que lo aman serán tesoros que durarán para siempre. También guardamos tesoros en el Cielo cuando contribuimos a la obra de Dios en la Tierra.

A Dios le gusta cuando hacemos cosas por

otras personas en lugar de usar todo el tiempo y
gastar el dinero en nosotros mismos. Podemos
ayudar a personas ancianas, dar dinero para ayudar
a los pobres, comprar Biblias para enviar a China,
o darles regalos de Navidad a los hijos de personas
que están en la cárcel. Podemos dar dinero para que
los misioneros puedan ir en avión a diferentes lugares y hablarle a la gente acerca de Jesús. También
podemos usar nuestros talentos para compartir el
amor de Dios con otras personas (como hacer una
obra teatral para presentarles la historia de Jesús
a nuestros vecinos, a nuestra familia o a un grupo
de niños pequeños). Si hacemos estas cosas porque
amamos a Jesús, nos estará esperando un tesoro en
el Cielo.

¿Recuerdas lo que dijo Jesús de que lo que acumulemos en la Tierra va a ser comido por la polilla
y se va a oxidar, pero lo que acumulemos en el Cielo
va a estar seguro en las manos de Dios? Cuando
damos, compartimos y hacemos cosas para Jesús
ahora, podemos guardar tesoros que nos estarán
esperando cuando lleguemos al Cielo.

Puesto que las cosas en las cuales gastamos
dinero ahora no van a durar, es necio comprar
montones de cosas como computadoras, aparatos

estereofónicos y juguetes que, al final, dejamos de lado. (No nos hacen felices, y terminamos rematándolos en ventas de garajes o en eBay.) No sólo es lo correcto, sino que es inteligente compartir dinero, comida y otras cosas con personas que en realidad las necesitan.

Además de dar dinero a nuestra iglesia y a los misioneros, podemos dar dinero a grupos cristianos que proveen comida para las personas que pasan hambre o que han experimentado desastres como inundaciones, huracanes y terremotos. Jesús quiere que hagamos esas cosas y él nos recompensará por todo lo que hagamos.

Tengo una sugerencia para una excursión familiar, de la que puedes hablar con tus padres si crees que es una buena idea: Visita lugares donde la gente lleva las cosas que no usa. Las filas son más cortas que en los parques de diversión, y por lo general, ¡la entrada es gratis! Lo que es útil es que podrás mirar las pilas de "tesoros" que antes fueron regalos de Navidad y regalos de cumpleaños. Verás cosas que la gente ha pagado muchísimo dinero por ellas, por las que los niños se han peleado y por las que las familias se han metido en deudas. Tal vez veas pedazos de muñecas, robots oxidados y aparatos electrónicos que ya no se usan y han sido olvidados. Puedes estar seguro de que la mayor parte de las cosas que posees van a terminar en un lugar como ese.

Piensa en el futuro, en un tiempo cuando todo lo que posees va a estar en una pila de cosas desechadas. ¿Qué es lo que habrás hecho que dure eternamente?

Si has aprendido a obedecer a Jesús y has acumulado tesoros en el Cielo, la respuesta es emocionante. Porque si tus tesoros están en el Cielo, entonces, en lugar de pasar la vida en la dirección en que *no* conservarás tus tesoros, pasarás la vida en la dirección que *sí* lleva a conservar tus tesoros.

Cuantos más tesoros tengas en el Cielo, tanto más ansiarás llegar allí.

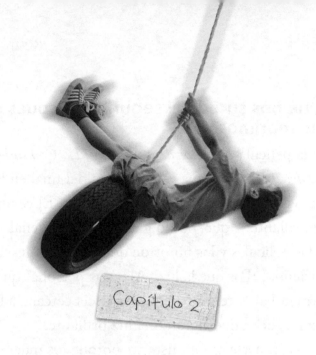

Capítulo 2

DESPUÉS DE MORIR,
¿QUÉ NOS PASA?

"Te aseguro que hoy estarás conmigo en el paraíso," le contestó Jesús.

LUCAS 23:43

El aire tan dulce se volvió súbitamente mucho más dulce. Un resplandor surgió tras ellos. Todos se dieron vuelta. Tirian fue el último, porque tenía miedo. Allí estaba el anhelo de su corazón, inmenso y real, el León dorado, el propio Aslan, y ya estaban los demás arrodillándose y formando un círculo alrededor de sus patas delanteras y enterrando sus manos y caras entre su melena y él inlinaba su majestuosa cabeza para tocarlos con su lengua. En seguida fijó sus ojos en Tirian, y Tirian se aproximó, temblando, y se abalanzó a los pies del León, y el León lo besó y le dijo: "Bravo."

C. S. LEWIS, *La Última Batalla*

29

¿Qué nos sucede el segundo después de que morimos?

En la película *El Señor de los Anillos: La Comunidad del Anillo,* hay una escena cerca del final en la que Samsagaz Gamyi se está ahogando. Él ve una luz brillante —que, por lo general, es una señal en las películas y los libros de que alguien se está muriendo. ¿Por qué la luz? Algunas personas que afirman haber tenido una experiencia cercana a la muerte dicen que vieron una luz brillante.

La muerte es un misterio, porque los muertos no regresan y hablan de la vida en el otro lado. (Bueno, está Lázaro, el hombre que Jesús resucitó en Juan 11. Pero la Biblia nunca menciona lo que tuvo para decir acerca de la muerte.)

Hay algunas cosas que *podemos* saber, basándonos en lo que dice la Biblia. Después de que morimos, no cesamos de existir. *Continuamos viviendo, pero en otro lugar.* Los seguidores de Jesús van a vivir con él en el Cielo. Mientras estaba muriendo en la cruz, Jesús le dijo al ladrón crucificado que estaba a su lado: "Hoy estarás conmigo en el paraíso" (Lucas 23:43). Es obvio que Jesús sabía que la vida después de la muerte es una realidad.

La mayor parte de este libro trata sobre el

futuro Cielo, el lugar donde viviremos para siempre
con Dios y con todos aquellos que conocen a Dios.
Ese es el lugar donde viviremos después de nuestra
resurrección y después del fin de la presente Tierra.
¿Qué es lo que quiero decir por *nuestra resurrección*?
Cuando Jesús regrese a la Tierra —y él promete que
un día lo hará— a todos los que conocen a Dios
y han muerto a través de los siglos se les dará un
nuevo cuerpo. (Hablaremos más sobre esto en el
capítulo seis.)

Por lo general, cuando nos referimos al "Cielo,"
no estamos pensando en ese futuro Cielo en el cual
viviremos con Jesús en la Nueva Tierra. Con más
frecuencia, queremos decir el Cielo *presente,* el lugar
al cual van los cristianos tan pronto como mueren.
Cuando tus padres te dicen: "Tu bisabuela está
ahora en el Cielo," quieren decir en el Cielo presente, como es ahora.

Sin embargo, el Cielo presente *no* es nuestro
destino final. Aunque es un lugar maravilloso, no
es el lugar para el cual fuimos creados —el lugar en
el cual Dios nos promete que podremos vivir para
siempre. El Cielo futuro que durará eternamente
tiene un nombre que tal vez tú no esperes escuchar.
¿Has notado la frase que ya he usado varias veces?

Se llama la *Nueva Tierra*. (Hablaremos más sobre esto en el capítulo cuatro.)

¿Cuál es la diferencia entre el Cielo presente y el Cielo futuro?

Esta es una buena pregunta. El Cielo presente es donde viven los ángeles y donde va la gente al morir. Recuerda que es un lugar magnífico. La Biblia dice que morir y estar con Cristo "es ganancia" (Filipenses 1:21); es mucho mejor que estar aquí ahora, aun si tenemos una vida que en realidad nos gusta.

El Cielo futuro será finalmente el hogar de los hijos de Dios que ahora viven en la Tierra, o que ahora están viviendo en el Cielo presente. ¡Lo mejor del Cielo futuro es que *Dios* también vivirá con nosotros allí!

Juan, uno de los doce seguidores que eligió Jesús, vio una visión del Cielo futuro. Juan dijo: "Después vi un cielo nuevo y una tierra nueva, porque el primer cielo y la primera tierra habían dejado de existir, lo mismo que el mar. Oí una potente voz que provenía del trono y decía: '¡Aquí, entre los seres humanos, está la morada de Dios!'" (Apocalipsis 21:1, 3).

Algunos tal vez piensen que la Nueva Tierra

no debería ser llamada Cielo. Pero el "Cielo" es cualquier lugar especial que Dios elige como su hogar. Así que si Dios escoge a la Nueva Tierra como el lugar donde decide que va a morar, eso quiere decir que la Nueva Tierra será el Cielo.

Dios nos dice que su plan es perfecto y que es "reunir en [Cristo] todas las cosas, tanto las del cielo como las de la tierra" (Efesios 1:10). Cada vez que oramos: "Venga tu reino, hágase tu voluntad en la tierra como en el cielo," estamos anticipando el día cuando el Cielo y la Tierra estarán juntos, ya nunca más separados el uno del otro.

Jesús dice a todos los que quieren ser sus seguidores: "El que me ama, obedecerá mi palabra, y mi Padre lo amará, y haremos nuestra vivienda en él" (Juan 14:23). Así que podemos anhelar vivir con Dios en la Nueva Tierra. Y esa Nueva Tierra no nos parecerá un lugar extraño. Será nuestro hogar. Será todas las cosas que amamos acerca de esta tierra, pero será mucho, muchísimo mejor. Después de todo, Dios creó a las personas para que vivieran en la Tierra. Y la Nueva Tierra será muy parecida a esta, excepto que no tendrá ninguna de las cosas malas.

¿El Cielo está "arriba"? ¿Dónde está exactamente?

Cuando piensas en Dios, ¿te imaginas que vive en algún lugar del firmamento, del cielo azul? Mucha gente sí lo hace. Después de todo, Jesús fue al Cielo después de su resurrección, cuando se elevó hacia las nubes y luego desapareció. ¡Debe haber sido algo maravilloso ver!

El Cielo presente es normalmente invisible para los que viven en la Tierra. Sin embargo, a diferencia del amigo imaginario que un niño pequeño puede tener, es real —simplemente no lo podemos ver.

Algunas veces, a los humanos se les dan vistazos del Cielo. Después de la resurrección de Jesús, un hombre llamado Esteban se convirtió en uno de sus seguidores y fue apedreado hasta morir, debido a su fe en Jesús. Cuando esto sucedió, Esteban vio el Cielo: "¡Veo el cielo abierto . . . y al Hijo del Hombre de pie a la derecha de Dios!" (Hechos 7:56). Él no lo soñó, sino que realmente lo *vio*.

No sabemos con exactitud dónde está el Cielo. Puede ser parte de nuestro universo, o puede estar en un universo diferente —la Biblia no nos lo dice. (¡Otra de las excelentes sorpresas de Dios!) Si has mirado algo de ciencia ficción, tal vez sepas de los "universos paralelos." Mientras que esos lugares no necesariamente existen, el Cielo es real. Puede ser un universo al lado del nuestro, que por lo general está oculto, pero que a veces aparece. Dondequiera que esté el Cielo, sabemos que Jesús está allí, junto a los que conocían a Jesús y ya han muerto. Algún día, si amamos a Jesús, nosotros también estaremos allí. Si él regresa a este mundo antes que nosotros muramos, nos encontraremos con él en el aire.

Si morimos antes de que Jesús regrese, ¿tendremos cuerpos en el Cielo presente?

Tal vez hayas leído libros o visto programas de televisión en los que las personas se convierten en fantasmas después de que mueren. En el libro de Charles Dickens, titulado *Canción de Navidad,* Ebenezer Scrooge ve el fantasma de Jacob Marley, su socio muerto, además de otros tres fantasmas —los espíritus de las Navidades Pasadas, de la Navidad Presente y de las Navidades Futuras. ¡Qué noche tan terrible fue esa!

Algunas personas creen que el Cielo es un lugar lleno de figuras fantasmales que flotan de un lugar a otro. Pero eso no es lo que nos enseña la Biblia.

La verdad es que los seres humanos no fueron

creados para ser espíritus fantasmales sin cuerpos.
Cuando Dios creó a Adán, el primer ser humano, le
dio un cuerpo. Cuando Dios sopló en Adán y le dio
vida, él le estaba dando un espíritu. No podemos
ser totalmente humanos si no tenemos ambos, un
espíritu *y* un cuerpo.

Así que es posible que Dios pueda darnos
alguna forma física temporal mientras esperamos
la resurrección final. Eso sucederá cuando toda
la gente que haya muerto vuelva a la vida. En ese
momento, a todos se nos dará un nuevo cuerpo
—un cuerpo que durará eternamente. (Si no lo
puedes imaginar, no te preocupes. Dios sí puede.
Y él es quien está a cargo —¿no te alegra eso?)

Recuerda que aun después de la resurrección
de Jesús, él tenía un cuerpo en la Tierra.

En Lucas 16:19-31, Jesús contó una historia
acerca de dos hombres que habían muerto: el hombre rico y Lázaro. Jesús habló de la sed del hombre
rico, de su lengua y del dedo de Lázaro. Jesús habló
de ellos como si tuvieran forma física. Sin embargo,
esas formas *no* eran sus cuerpos de resurrección.

No hay tal cosa como una resurrección de una-
persona-por-vez cuando cada persona muere. Aun si
tenemos formas físicas temporales en el Cielo pre-

sente, lo cual es posible pero no es algo seguro, eso no es sustituto para la resurrección venidera. Cuando Jesús regrese a la Tierra, sus seguidores serán restaurados a los mismos cuerpos que tenían, que serán fuertes y saludables y nunca más volverán a morir.

¿Recuerdan la vida en la Tierra las personas que están en el Cielo?

¿Cuáles son los tiempos más fáciles de recordar? ¿Los tiempos felices? ¿Los tiempos en que tuvimos miedo? Hay algunos recuerdos que probablemente quisieras guardar y otros que quisieras olvidar —como el recuerdo de mi primer día en la secundaria, cuando tropecé y me caí sobre el rostro justo enfrente de tres muchachas que se rieron de mí.

La Biblia nos muestra que en el Cielo recordaremos nuestra vida en la Tierra. En Apocalipsis 6 se menciona a los mártires (personas que fueron matadas por su fe en Jesús). Con toda claridad se ve que ellos recordaron eventos de su vida en la Tierra, incluyendo su sufrimiento y muerte. Si ellos recordaron esas cosas, seguramente tenían otros recuerdos también. En realidad, es muy probable que todos recordemos más en el Cielo de lo que recordamos en la Tierra. Tal vez veamos cómo Dios

y sus ángeles nos ayudaron sin que nos diéramos
cuenta.

En el Cielo, las personas que han pasado por
tiempos de aflicción en la Tierra serán consola-
das. Si no hubiera recuerdos de las cosas malas, no
necesitaríamos ser consolados, ¿no es verdad?

Hablando de recuerdos, cada una de las recompensas en el Cielo será como un recordatorio de
nuestro servicio por Dios aquí. Jesús contó una
historia acerca de tres siervos a quienes su amo les
dio dinero para que lo invirtieran. (Esa historia se
encuentra en Mateo 25:14-30.) Cuando el amo
regresó, recompensó a dos de los siervos por la
forma en que habían usado el dinero. Al igual que
el amo, Jesús se da cuenta de la forma en que inver-
timos nuestro tiempo y talentos, y algún día nos
recompensará. Nuestros hechos de amor, bondad y
servicio por Cristo nunca serán olvidados.

Algún día recordaremos y tendremos que
explicar por qué hicimos todas las cosas que hicimos. Esto se llama el juicio —y es el tiempo cuando
cada uno de nosotros tendrá que presentarse ante
Dios y explicarle nuestras elecciones.

Los que conocen a Jesús no tienen que pre-
ocuparse en cuanto a ser enviados al Infierno el

día del juicio. Jesús pagó nuestra entrada al Cielo cuando murió en la cruz y luego resucitó. Hasta que vuelva otra vez, nos ayudará a vivir para Dios si se lo pedimos. Dios perdona nuestros pecados cuando se los confesamos (1 Juan 1:9). Pero, a la luz del día del juicio, está claro que las elecciones que hacemos ahora son muy importantes. En aquel día especial, querremos tener buenos recuerdos de la vida que vivimos en la Tierra.

¿Puede ver la gente que está en el Cielo lo que está sucediendo en la Tierra?

Sí, la gente en el Cielo tiene alguna idea de lo que está sucediendo aquí. Tal vez no sepan o no le presten atención a *todo* lo que está sucediendo (como la vez que le pusiste hielo adentro de la almohada a tu hermano). Pero los mártires en Apocalipsis 6 sabían que Dios todavía no había traído juicio sobre aquellos que los habían matado, así que es posible que supieran muchas otras cosas acerca de lo que está sucediendo en la Tierra.

Por lo menos, si no están *viendo* eventos, a las personas que están en el Cielo se les *dice* acerca de los eventos que están ocurriendo en la Tierra. Por ejemplo, está el tiempo cuando Babilonia (un nombre que representa un poder mundial malvado) es derrotada. Un ángel señala a la Tierra y dice: "¡Alégrate, oh cielo, por lo que le ha sucedido! ¡Alégrense también ustedes, santos, apóstoles y profetas!, porque Dios, al juzgarla, les ha hecho justicia a ustedes" (Apocalipsis 18:20).

Cuando Moisés y Elías aparecieron en la montaña con Jesús, hablaron "de la partida de Jesús, que él estaba por llevar a cabo en Jerusalén" (Lucas 9:31). Parecían saber lo que sucedería con Jesús: la forma en que tendría que morir pronto. (Y seguramente regresaron al Cielo recordando lo que habían hablado con Jesús en la Tierra.)

Hebreos 12:1 nos dice que "estamos rodeados de una multitud tan grande de testigos," los creyentes que ya han muerto y que ahora están en el Cielo con Jesús. Parecería que nos están vitoreando desde el Cielo.

Jesús, quien está en el Cielo, definitivamente sabe lo que está sucediendo, especialmente en cuanto a sus hijos. (Lee los capítulos 2 y 3 de Apocalipsis.) ¿No es maravilloso descubrir que Jesús sabe todas las cosas, ve todas las cosas, que está en control y que nada lo sorprende? Esto significa que nada lo sorprenderá acerca de nosotros en un millón de años como para decir: "Si hubiera sabido que hiciste eso, ¡nunca te habría dejado entrar al Cielo!" Jesús nos ha visto en nuestros peores momentos y a pesar de todo aún nos ama. Y en el Cielo, él se encargará de que siempre estemos haciendo lo mejor posible, pues es la forma en que querremos vivir.

¿Están orando las personas que están en el Cielo por las personas que están en la Tierra?

La respuesta es que posiblemente sí —por lo menos a veces.

Jesús, quien es tanto Dios y hombre, está en el Cielo orando por la gente en la Tierra (Romanos 8:34). Así que por lo menos hay *un* ser humano que ha ido al Cielo y que ahora está orando por los que están en la Tierra. Pero parece que él no es el único que está orando. Los mártires, los que murieron por causa de su fe, están en el Cielo orando por la justicia de Dios en la Tierra (Apocalipsis 6:9-10). Estas oraciones tendrán efecto en los cristianos que son maltratados por su fe en Jesús. (Hay muchos en cárceles alrededor del mundo.)

La Biblia no dice específicamente si el resto de las personas en el Cielo están orando acerca de lo que está sucediendo en la Tierra. Pero puesto que la oración es simplemente hablar con Dios, esto sugiere que en el Cielo oraremos más de lo que oramos ahora, y no menos.

¿CÓMO NOS RELACIONAREMOS CON DIOS EN EL CIELO?

Yo sé que mi redentor vive, y que al final triunfará sobre la muerte. Y cuando mi piel haya sido destruida, todavía veré a Dios con mis propios ojos.

JOB 19:25-26

En cuanto a Aslan mismo, los Castores y los niños no sabían qué hacer o decir cuando lo vieron. . . . Porque cuando trataron de mirar la cara de Aslan, sólo pudieron vislumbrar una melena dorada y unos ojos inmensos, majestuosos, solemnes e irresistibles. Se dieron cuenta de que eran incapaces de mirarlo. (Capítulo 12)

Entonces las niñas hicieron lo que jamás se habrían atrevido a hacer sin su permiso, pero que anhelaban desde que lo conocieron: hundieron sus manos frías en ese hermoso mar de pelo y lo acariciaron suavemente; así, continuaron la marcha junto a él. (Capítulo 14)

C. S. Lewis, *El León, la Bruja y el Ropero*

¿Veremos realmente a Dios?

Piensa en la persona con la que más te gustaría pasar el tiempo. ¿Quién sería esa persona? ¿Sería tal vez tu cantante, autor o atleta favorito? ¿Tu mejor amigo que se mudó lejos? ¿Un miembro de tu familia que ya ha muerto?

Muchos cristianos dirían que les gustaría pasar tiempo con Jesús. Les gustaría ver al Salvador que los creó, que murió por ellos y que hizo posible su vida en el Cielo —aquel que los ama más que ninguna otra persona.

En el Sermón del Monte, Jesús dijo: "Dichosos los de corazón limpio, porque ellos verán a Dios" (Mateo 5:8). Así que eso significa que sí veremos a Dios. Pero Jesús también dijo: "Dios es espíritu"

(Juan 4:24). Con esto, él quiso decir que el Padre no tiene un cuerpo. Pero Jesús, el Hijo de Dios, sí tiene un cuerpo. Y debido a que Jesús es Dios mismo, ver a Jesús será ver a Dios.

Isaías, un profeta del Antiguo Testamento, tuvo una visión de Dios: "Vi al Señor excelso y sublime, sentado en un trono; las orlas de su manto llenaban el templo" (Isaías 6:1). Isaías sabía que el grandioso y maravilloso Dios estaba sentado en un trono. A él no le tuvieron que decir: "Oye, ese es Dios."

Ver a Dios le dio miedo a Isaías —al igual que a Pedro, Susana, Lucía, el señor Castor y su esposa, quienes cuando vieron a Aslan "eran incapaces de mirarlo."

No podemos reprochar a Isaías por su temor, como tampoco podemos reprochar a los niños de Narnia, porque por lo general la gente no ve a Dios. Aun la vista de un ángel hace que la gente se sienta aterrorizada. (Lee Daniel 10:7-10.) Tal vez Isaías pensó en las palabras de Dios a Moisés: "Debo aclararte que no podrás ver mi rostro, porque nadie puede verme y seguir con vida" (Éxodo 33:20). Pero Dios permitió que Isaías lo viera. En el Cielo, también a nosotros se nos permitirá ver a Dios (Apocalipsis 22:3-4).

Cuanto más tiempo pasemos con Dios, tanto mejor lo conoceremos. Él es, sin duda alguna, la persona más fascinante del universo. (Después de todo, él es el que creó a todas las personas interesantes que hemos conocido o acerca de las cuales hemos leído.) Piensa en las preguntas que podremos hacerle a Dios. ¿Ya estás preparando tu lista? Yo sí estoy preparando la mía.

Cuando llegues a conocer mejor a Jesús, él estará a la cabecera de la lista de las personas con las cuales quieras pasar el día. Puede ser divertido conocer a estrellas del deporte y del cine, pero nos aburriríamos bastante pronto. Jesús jamás nos aburrirá. Y lo grandioso es que no tienes que esperar para estar con él. Puedes pasar el tiempo con él ahora mismo. Y lo haces cuando lees su Palabra (la Biblia), oras y le agradeces por estar contigo durante todo el día.

¿Qué quiere decir *vida eterna*?

Hay algunos acontecimientos en la vida que parece que nunca terminan: la última media hora antes de salir de la escuela todos los días (especialmente el ultimo día de clases), o el discurso que tienes que dar frente a toda la clase, o la cena familiar que les toma tanto tiempo a todos los demás para terminar cuando tú estás esperando para comer el postre. Y hay algunos momentos increíbles —como cuando por fin aprendiste a usar tus patines, o marcaste el punto que ganó el partido de tu equipo, o te abrazó alguien que amas— que *quisieras* que duraran para siempre. Mientras que ninguno de estos eventos en realidad dura para siempre, la vida eterna sí dura para siempre. No sería llamada *eterna* si no fuera así.

Jesús dijo: "Porque tanto amó Dios al mundo que dio a su Hijo unigénito, para que todo el que cree en él no se pierda, sino que tenga vida eterna" (Juan 3:16). Esta promesa que no tiene fin es para todos los que creen en Jesús. "¿Pero cómo puede ser esto?" tal vez te preguntes. "Después de todo, en algún momento de su vida, todas las personas mueren." Es cierto. Pero la muerte no es el fin de la historia. Jesús prometió que algún día viviremos con él para siempre. Esto significa que viviremos de nuevo después de nuestra muerte.

Tenemos al Espíritu Santo como una promesa de que esto sucederá. Jesús les dijo a sus seguidores que el Espíritu Santo vendría y haría su hogar dentro de cada persona que cree en él. (No tienes que tomar sólo mi palabra de que es verdad. Lo puedes leer en Juan 14:15-17, 26.) Se nos habla de la garantía de Dios en Efesios 1:14: La presencia del Espíritu Santo "garantiza nuestra herencia." Eso que nos ha prometido que recibiremos como hijos de Dios es la vida eterna.

La vida eterna es más que una existencia que nunca termina. Es una vida plena que está llena de gozo.

En la película *Viaje a las Estrellas VII: Generaciones,* Guinan le habla al Capitán Picard sobre un lugar llamado el Nexus. Ella lo describe de esta manera: "Era como estar dentro del gozo, como si el gozo fuera algo tangible, en el cual uno se pudiera envolver al igual que en una frazada."

Yo no creo en el Nexus. Pero *sí* creo en los cielos nuevos y la Nueva Tierra. ¿Cómo será? Será como "estar dentro del gozo, como si el gozo fuera algo tangible, en el cual uno se pudiera envolver al igual que en una frazada."

¿Cómo adoraremos a Dios?

¿Qué crees que significa *adorar*? ¿Cantarle a Dios? ¿Ir a la iglesia? Algunas personas tienen la idea de que adorar a Dios es aburrido, que es algo que *tienes* que hacer. Se olvidan, o en realidad no están seguras, de lo maravilloso que es Dios. Piensan que el Cielo es un servicio de iglesia largo. ¿Has pensado alguna vez de esa forma?

Es probable que estuvieras dispuesto a esperar todo un día para ver a una persona famosa favorita, si supieras que él o ella visitaría pronto tu centro comercial local o una librería. Nadie tendría que llevarte allí por la fuerza. Tú *querrías* ver a esa persona. Y al verla, ¿qué le dirías? Quizás algo como: "¡Oh, estoy muy, muy feliz de conocerlo!" Probablemente dirías algo que aprecias de esa persona —el libro que escribió, su estilo de jugar al tenis, la forma tan entretenida en que desempeñó el papel del general extraterrestre invasor en su última película.

Aun si estuvieras nervioso, nadie tendría que decirte que le dijeras algo amable a la persona famosa que conociste. De la misma manera, nadie tendrá que decirte en el Cielo: "Dile algo amable a Dios." Tú lo harás en forma natural, lo querrás hacer y *disfrutarás* haciéndolo. Adorar simplemente significa expresar tu aprecio por Dios.

Tal vez algunos se pregunten si todo lo que

vamos a hacer en el Cielo es adorar a Dios. Bueno, sí y no. *No*, porque la Biblia dice que estaremos haciendo muchas otras cosas como comer, trabajar, descansar, aprender, etcétera. Y *sí*, porque todo lo que hagamos mostrará nuestro aprecio por Dios en acciones de adoración que nunca terminarán.

La adoración comprende más que cantar y orar. Se nos manda lo siguiente: "Estén siempre alegres, oren sin cesar, den gracias a Dios en toda situación" (1 Tesalonicenses 5:16-18). Sabemos que Dios espera que hagamos muchas cosas diferentes en la Tierra, tales como trabajar, descansar y pasar tiempo con nuestra familia. Así que, si vamos a estar gozosos, orar y dar gracias todo el tiempo, debemos estar adorando a Dios *aun mientras hacemos otras cosas*. Lo mismo sucederá en el Cielo.

¿Por qué querría Dios servirnos en el Cielo?

¿Has leído que Jesús les lavó los pies a sus discípulos (Juan 13)? Ellos se sorprendieron de que su maestro y líder, a quien respetaban tanto, hiciera el trabajo de un siervo. Pedro, especialmente, no podía siquiera pensar que Jesús estuviera haciendo eso. Pero Jesús insistió en lavarles los pies a sus amigos.

Jesús también dijo: "Dichosos los siervos a quienes su señor encuentre pendientes de su llegada. Créanme que se ajustará la ropa, hará que los siervos se sienten a la mesa, y él mismo se pondrá a servirles" (Lucas 12:37).

Imagínate lo que será que Jesús te sirva. ¡Qué cosa tan maravillosa! Eso es aún más fantástico que si el presidente viniera a tu casa y te preparara una comida. Si esa fuera una idea que se nos ocurriera a nosotros, estaríamos locos. ¿El Creador sirviéndonos a *nosotros*? *Sí . . . claro.* Pero nosotros no fuimos los que inventamos la idea; ¡es idea de Dios!

Nosotros le debemos todo a Dios. Él no nos debe nada a nosotros. Sin embargo, Dios decide servirnos a nosotros que somos sus siervos. Jesús nos sirvió cuando murió por nosotros. Él dijo lo siguiente hablando de sí mismo: "Así como el Hijo del Hombre no vino para que le sirvan, sino para servir y para dar su vida en rescate por muchos" (Mateo 20:28).

Al igual que un padre que ama a sus hijos hace todo lo posible por ayudarlos, Dios nos promete que siempre se dará por nosotros. ¿Por qué? Porque nos ama y quiere mostrar para siempre que aprecia nuestra lealtad y el servicio que hacemos para él en

esta vida. ¿Quiere decir esto que merecemos la gracia de Dios? Por supuesto que no. Por definición,
la gracia de Dios es algo que no merecemos. ¡Si la
mereciéramos no sería gracia!

De alguna manera, en su gran amor por
nosotros, nuestro Rey toma el lugar de un siervo,
haciéndonos reyes a nosotros (que somos siervos de
él). Fíjate que él no manda a sus *otros* siervos que
nos sirvan. Él lo hará por sí mismo. Es por eso que
la gracia de la cual cantamos en la iglesia es llamada
"Sublime Gracia." Si piensas en esto, no hay nada
más maravilloso que el amor de Dios por nosotros.

¿No hace eso que quieras amar a Dios más y
más cada día?

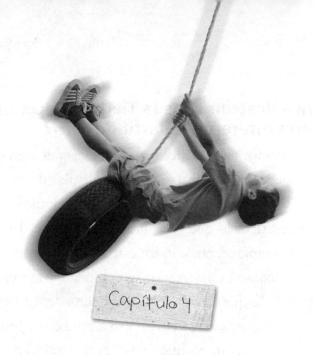

Capítulo 4

¿QUÉ ES LA NUEVA TIERRA Y CÓMO SERÁ?

Después vi un cielo nuevo y una tierra nueva…. Oí una potente voz que provenía del trono y decía: "¡Aquí, entre los seres humanos, está la morada de Dios! Él acampará en medio de ellos, y ellos serán su pueblo; Dios mismo estará con ellos y será su Dios…." [Jesús] dijo: "¡Yo hago nuevas todas las cosas!"

APOCALIPSIS 21:1,3, 5

El mal se trocará en bien, cuando Aslan aparezca.
Ante el sonido de su rugido, las penas desaparecerán.
Cuando descubra sus dientes, el invierno encontrará su muerte.
Y cuando agite su melena, tendremos nuevamente primavera.

C. S. LEWIS, *El León, la Bruja y el Ropero*

¿Va a destruir Dios la Tierra y hacer una Tierra diferente a partir de cero?

Para algunos, la destrucción de la Tierra es algo que sólo sucede en los libros y en las películas de ciencia ficción. Pero Pedro, uno de los doce discípulos de Jesús, escribió lo que va a suceder algún día: "Los cielos desaparecerán con un estruendo espantoso, los elementos serán destruidos por el fuego, y la tierra, con todo lo que hay en ella, será quemada" (2 Pedro 3:10). Da miedo, ¿verdad? (Pero si conoces a Jesús, te puedes calmar, porque "el fin" será seguido por el nuevo comienzo fantástico de una vida emocionante que continuará para siempre.)

Algunos maestros de la Biblia creen que la Tierra será completamente destruida y que una Tierra diferente será hecha a partir de cero. Pero la Biblia nos enseña que mientras que la Tierra será destruida por un tiempo, luego será restaurada. Dios hará una Nueva Tierra de la antigua, ¡la cual será aún mejor de lo que era antes!

Piensa en el diluvio que sucedió durante el tiempo de Noé. Aunque pareció que la Tierra había sido destruida, en realidad no lo fue; continuó existiendo.

Sabemos que la Biblia dice que nuestros cuerpos morirán, pero Dios traerá a la vida a los mismos cuerpos, en una condición mucho mejor. De la misma forma, la Tierra morirá, pero Dios la traerá en una condición mucho mejor. Esa será la Nueva Tierra.

Podrías comparar los futuros cambios de la Tierra a una oruga. Como sabes, cambios muy grandes le suceden a una oruga en el proceso de cambiar de oruga a mariposa. Sale del proceso como una nueva criatura: una mariposa. No ha dejado de existir; es la misma, pero sin embargo ha sido transformada. Y es una transformación real y duradera. Aunque las figuras de los juegos llamados "Transformadores" pueden cambiar de una forma a otra, la mariposa no puede cambiar y volver a ser una oruga (tampoco lo querría hacer). De igual manera, la Nueva Tierra nunca retrocederá ni cambiará para convertirse en la Tierra antigua.

Cuando Dios forme esta Tierra para que sea nueva otra vez, nosotros vamos a vivir en ella con Dios. Recuerda que Jesús fue carpintero. ¿Qué es lo que hacen los carpinteros? *Hacen* cosas y *arreglan* las cosas que están rotas. Esta Tierra está rota. Debido al pecado está muy lejos de ser perfecta. Pero Jesús la va a reparar, al igual que nos va a restaurar a nosotros.

Seremos las mismas personas hechas nuevas y viviremos en la misma Tierra hecha nueva.

Esto es muy emocionante, ¿no lo crees?

¿Será la Nueva Tierra igual a lo que fue nuestra Tierra al principio?

¿Cuál es el lugar más hermoso que jamás has visto o
que esperas poder ver? ¿Qué lo hace hermoso para
ti? El jardín del Edén fue probablemente el lugar
más hermoso que jamás haya existido. Después de
todo, las primeras personas que Dios creó vivieron
allí antes de la contaminación, los terremotos, las
guerras, la pobreza o el crimen. Sólo podemos imaginar lo que debe haber sido.

Todos los lugares hermosos del mundo —el
Gran Cañón de Arizona, los Alpes, las selvas tro-
picales del Amazonas, la llanura de Serengeti en
Tanzania (donde rondan los lcones) —son sólo una
pequeña muestra de lo que será la Nueva Tierra.

Es como cuando tu mamá o tu papá te dan
un pedacito de pavo o de relleno para que lo prue-
bes antes de la cena de Navidad. No es suficiente
para satisfacerte, pero es lo suficientemente bueno
como para hacerte pensar en lo deliciosa que será la
comida.

Toda nuestra vida, aun si no lo sabemos, hemos estado soñando acerca de la Nueva Tierra —el Cielo que durará para siempre. Cada vez que vemos belleza en el agua, el viento, una flor, un animal, un hombre, una mujer o un niño, lo que vemos es sólo una muestra de lo que será el Cielo.

Debemos esperar que la Nueva Tierra sea como el jardín del Edén, sólo que mucho mejor. Eso es exactamente lo que promete la Biblia: "El Señor consolará a Sión…. Convertirá en un Edén su desierto; en huerto del Señor sus tierras secas. En ella encontrarán alegría y regocijo, acción de gracias y música de salmos" (Isaías 51:3).

¿Estarán en la Nueva Tierra lugares como las cataratas del Iguazú?

¿Has visto alguna vez una vieja casa, automóvil o cuadro, arreglados para verse como se veían antes (antes de que el paso del tiempo, el uso y el desgaste los arruinaran)? Todos los días se restauran casas y automóviles. Hasta se han restaurado cuadros de famosos pintores de siglos atrás. A veces, un artista o un equipo de artistas limpia y (si es necesario) usa pintura nueva para hacer brillar los colores desteñidos de una pintura antigua. Aunque el cuadro es todavía el mismo, se ve nuevamente tal como se pintó originalmente.

La Nueva Tierra todavía será la Tierra, tal como nosotros, en nuestros nuevos cuerpos, todavía seremos nosotros mismos. Así que podemos esperar que el firmamento de la Nueva Tierra todavía sea azul y que su césped sea verde. El Lago Louise (en Alberta, Canadá) probablemente será el Nuevo Lago Louise.

En *La Última Batalla,* cuando los niños entran al país de Aslan desde Narnia, aunque todavía no saben que es el Cielo, ven vistas familiares, no sólo de Narnia, sino también de su tierra. De pronto, Pedro dice: "Es Inglaterra. ¡Y ahí está la casa, la vieja casa de campo del Profesor Kirke donde comenzaron todas nuestras aventuras!"

Edmundo le recuerda que la casa había sido destruida. Pero luego le dicen: "Y así fue. . . . Pero ustedes ahora están mirando a la Inglaterra dentro de Inglaterra, la verdadera Inglaterra tal como esta es la verdadera Narnia. Y en el interior de aquella Inglaterra ninguna cosa buena es destruida."

Entonces Pedro, Edmundo y Lucía contienen el aliento y gritan porque al otro lado del valle ¡ven a su padre y a su madre!

Conoceremos toda clase de gente nueva y veremos toda clase de lugares nuevos —pero también veremos lugares que nos son familiares, porque estaremos con las personas resucitadas que amamos, en la Tierra resucitada que amamos.

Basado en lo que dice la Biblia, creo que no sólo veremos las cosas de la forma en que son ahora, sino que veremos las cosas de la forma en que fueron diseñadas para ser. En la Nueva Tierra, nada bueno será destruido. Todo lo que nos encanta de la Tierra antigua lo vamos a tener en la Nueva Tierra, ya sea en la misma forma, o en otra forma. Una vez que entendamos esto, no nos lamentaremos por dejar todos los lugares hermosos que hayamos visto o que desearíamos haber visto. ¿Por qué? *Porque sabemos que veremos muchos de ellos en la Nueva Tierra —¡y serán mucho mejores que antes!*

¿Cómo será la Nueva Jerusalén?

¿Cuál es la ciudad más hermosa que has visto? Algunos dirían que Victoria en la provincia de Columbia Británica en Canadá. Otros tal vez digan que es Savannah, en Georgia, Estados Unidos, con sus bellos jardines; o San Francisco, California, con

el famoso Puente Golden Gate. Tal vez otros digan
Londres, o Shanghai, o París, o Florencia. Todas
esas ciudades son muy bonitas. (A mí me encanta
Portland, Oregón, el lugar donde nací, y todavía
vivo cerca de dicho lugar.)

Pero la ciudad más hermosa que alguien pueda
ver jamás será la Nueva Jerusalén. Tal vez hayas
visto fotos de la antigua Jerusalén en la escuela
dominical, o en una Biblia con fotos. En la Nueva
Tierra, la Nueva Jerusalén será la ciudad capital, la
ciudad más grande que jamás haya existido. Será
una enorme ciudad jardín.

En el libro de Apocalipsis, Juan describe esa
ciudad: "La muralla estaba hecha de jaspe, y la
ciudad era de oro puro, semejante a cristal pulido.
Los cimientos de la muralla de la ciudad estaban
decorados con toda clase de piedras preciosas"
(Apocalipsis 21:18-19). Juan también escribe que
cada puerta fue hecha de una sola y magnífica perla
(versículo 21). ¿Te puedes imaginar lo magnífica
que será? Habrá más riqueza en esa inmensa ciudad
que la que se ha acumulado en toda la historia de
la humanidad. Cada persona tendrá la libertad de
disfrutar esa riqueza y nadie peleará por ella o tra-
tará de que otros no la tengan. Todos vamos a estar

felices de compartir todo lo que tenemos y todo lo que encontremos.

Un ángel le dice a Juan que la Nueva Jerusalén tiene 2.200 kilómetros de largo, de ancho y de alto (Apocalipsis 21:15-16). Una ciudad de este tamaño, colocada en el medio de los Estados Unidos, abarcaría desde Canadá hasta México y desde las montañas Apalaches hasta el borde de California. Y también sería así de alta. Bueno, eso es realmente enorme. ¡De seguro que no nos tendremos que preocupar por demasiada densidad de población!

Parece que habrá muchas otras ciudades en la Nueva Tierra, puesto que Jesús dijo que en el nuevo reino algunos gobernarán sobre cinco ciudades y otros sobre diez (Lucas 19:17, 19). Pero ninguna ciudad será como esta magnífica ciudad capital —y allí en la calle principal, en el centro de la ciudad, estará el "trono de Dios" y de su Hijo, Jesús, el Rey de reyes (Apocalipsis 22:1-2).

¿Qué es el río de agua de vida?

¡Rápido! Nombra un líquido que bebes cuando tienes mucha, mucha sed. "¿Es esta una pregunta con trampa?" tal vez te preguntes. No, no hay ninguna artimaña. La respuesta, por supuesto, es agua. (En realidad, todas las otras bebidas que te gustan están compuestas en su mayor parte de agua.) La Nueva Jerusalén tendrá suficiente agua —y esa agua fluirá del río de agua de vida.

Juan lo describe como "un río de agua de vida, claro como el cristal, que salía del trono de Dios y del Cordero, y corría por el centro de la calle principal de la ciudad" (Apocalipsis 22:1-2). ¿Por qué será importante el agua en la Nueva Jerusalén? Porque la ciudad será un centro de vida humana y el agua es una parte importante de la vida.

Los fantasmas no necesitan agua, pero los cuerpos humanos sí la necesitan. Todos sabemos lo que es sentir sed, pero la gente que vivía en Israel durante los tiempos bíblicos sabía muy bien lo importante que es el agua. Después de todo, vivían en un clima completamente seco.

Un río es una buena fuente de agua dulce. ¿Por qué? Porque está en continuo movimiento y se producen cambios. Piensa en el río Amazonas o en el río Nilo.

El río de agua de vida tal vez tenga muchas ramas que fluyan a través del resto de la ciudad. ¿Te puedes imaginar a la gente hablando y riendo en las riberas del río, poniendo sus manos y rostros en el agua y bebiendo? Tal vez viajemos en góndolas a través de toda la ciudad, como hace la gente en Venecia, Italia.

¿Qué es el árbol de la vida?

Piensa en el árbol que te gusta más de todos. ¿Has visto alguna vez un árbol que te ha hecho exclamar: "Qué maravilla"? Algunas personas reaccionan así cuando ven los gigantescos árboles llamados secuoyas, o los pinos bristlecone, que crecen lentamente pero que viven cientos de años.

La Biblia menciona dos árboles sorprendentes. ¿Recuerdas el árbol de la vida y el árbol del conocimiento del bien y del mal que se mencionan en Génesis? (Si no te acuerdas, lee la historia en Génesis 2:9, 15-17.) El segundo árbol —el árbol del conocimiento del bien y del mal— tenía fruto que Dios ordenó a Adán y Eva que *no* comieran. Pero ellos desobedecieron y lo comieron.

El primer árbol —el árbol de la vida— antes estaba en el Edén, pero ahora está en el Cielo (Apocalipsis 2:7). Un día será llevado a la Nueva Tierra. Juan vio en una visión cómo será este árbol

en el futuro: "A cada lado del río estaba el árbol de
la vida, que produce doce cosechas al año" (Apocalipsis 22:2).

Después de que Adán y Eva pecaron, Dios los
detuvo para que no comieran del árbol de la vida
(Génesis 3:22-23). Si hubieran comido de ese fruto,
hubieran vivido para siempre. Tal vez te preguntes: "¿Qué hay de malo con eso?" Bueno, hubieran
vivido para siempre separados de Dios —sin poder
acercarse a Dios debido a su desobediencia.

Porque como sabes, Dios es santo y él no
puede permitir pecado en su presencia: "Muy
limpio eres de ojos para ver el mal, ni puedes ver el
agravio" (Habacuc 1:13, RV95).

En los tiempos del Antiguo Testamento, a
menudo la desobediencia resultaba en la muerte.
Es por eso que el pueblo de Israel tenía que ofrecer
sacrificios de animales. Era una figura del Mesías,
Jesús, quien moriría por los pecados de toda la
gente. Jesús nunca desobedeció a Dios, su Padre
celestial. Así que cuando murió en la cruz, él fue el
sacrificio perfecto, terminando así la necesidad de
sacrificios de animales.

Volvamos ahora al árbol de la vida. Lo que es
fantástico en cuanto a dicho árbol es que al comer

de su fruto, y de alguna forma al usar sus hojas, renovaremos nuestra energía todos los días; previniendo cualquier clase de enfermedad y manteniéndonos saludables para siempre. Tal vez sus hojas serán usadas como medicina (de la misma manera que ahora se usan las hojas de la planta aloe). Bueno, tal vez no como medicina en la forma en que pensamos en ella. Después de todo, Dios prometió que no sentiremos dolor ni tendremos enfermedades en la Nueva Tierra. "Él les enjugará toda lágrima de los ojos. Ya no habrá muerte, ni llanto, ni lamento, ni dolor" (Apocalipsis 21:4).

¿Qué otras características excelentes tendrá la Nueva Tierra?

Si compras una nueva versión de un juego para tu computadora, esperas que la nueva versión tenga mejores características, ¿no es verdad? Lees la información con anticipación, esperando encontrar frases como *mejores sistemas* o *una aventura más emocionante.*

Es muy natural preguntarse qué características tendrá la "Tierra Versión 2.0," especialmente considerando la Tierra 1.0, que alguna vez fue un programa asombroso, pero que fue infectado, en todos sus componentes, con el Virus Pecado. El río de agua de vida y el árbol de la vida son sólo un par de cosas fantásticas que veremos en la Nueva Tierra. Debido a que será una nueva versión de esta misma Tierra, deberíamos esperar que hayan algunas de las características que vemos ahora: por ejemplo, bosques, cataratas y ríos.

Al describir la Nueva Tierra, Juan habla de "una montaña grande y elevada" (Apocalipsis 21:10). Fíjate que Dios dice que es *una* montaña, y no dice *la* montaña. Sabemos que la Nueva Tierra tiene por lo menos una montaña. Y puesto que la Nueva Tierra es llamada "Tierra," tenemos todas las razones para creer que habrá cientos o miles de montañas, al igual que en esta Tierra, ¿no es verdad? Al igual que nuestros nuevos cuerpos serán mejores que nuestros cuerpos actuales, las maravillas naturales de la Nueva Tierra serán más espectaculares que las que vemos ahora.

¿Existirá el tiempo en la Nueva Tierra?

Mucha gente cree que no existirá el tiempo en la Nueva Tierra. Señalan el siguiente versículo que escribió Pedro: "Para el Señor un día es como mil años, y mil años como un día" (2 Pedro 3:8).

Fíjate que dice "para el Señor," y no dice "para los seres humanos." ¿Por qué? Porque Dios siempre ha existido (él es infinito, es decir, no tiene principio ni fin). Pero nosotros tuvimos un principio (somos limitados o finitos). Él siempre será el Creador y nosotros siempre seremos sus criaturas. Dios nos hizo criaturas físicas y espirituales para vivir en el espacio y en el tiempo.

Muchas personas recuerdan la frase "ya no habrá tiempo," y creen que es de la Biblia, cuando en realidad es un antiguo himno. En muchos lugares de la Biblia se deja claro que habrá tiempo en el Cielo:

- Se nos dice que "hubo silencio en el cielo como por media hora" (Apocalipsis 8:1).

- Los seres en el Cielo se relacionan con eventos cuando suceden en la Tierra, como el regocijarse en el momento en que un pecador en la Tierra se arrepiente (Lucas 15:7).

- La gente en el Cielo le pregunta a Dios "hasta cuándo," y se les dijo que "esperaran un poco más" (Apocalipsis 6:10-11). Estas palabras se refieren a una cantidad de tiempo.

- Los que están en el Cielo cantan (Apocalipsis 5:9-13). También hay varias referencias a instrumentos musicales en el Cielo. El metro, el tiempo y las pausas son todos componentes esenciales de la música y cada uno está relacionado al tiempo. Algunas notas se sostienen más tiempo que otras. Las canciones comienzan y terminan. Eso quiere decir que tienen lugar en el tiempo. (Pregúntale a tu maestra de piano si la música puede existir sin el tiempo.)

- El árbol de la vida en la Nueva Tierra producirá "dando cada mes su fruto" (Apocalipsis 22:2, RV95). Un mes es una medida de tiempo.

Cuando tengamos conversaciones en el Cielo, tendrán un principio, un medio y un final. ¡No se hablarán todas las palabras a la misma vez! (Eso sería totalmente extraño.) Esto quiere decir que en el Cielo tendremos la experiencia del tiempo.

Algunas personas se ponen nerviosas o aun se atemorizan acerca de vivir para siempre. La idea del tiempo que continúa y continúa les resulta incómoda. Pero eso es porque ahora nosotros podemos cansarnos y aburrirnos. Así que es natural que parezca que si el tiempo continuara para siempre podría ser aburrido. Pero las cosas que nos producen temor en cuanto a vivir para siempre ya no existirán. Una vez que estemos con el Señor, estaremos muy entusiasmados en cuanto a aprender *acerca* de Dios y aprender *de* Dios en un universo nuevo maravilloso.

El tiempo siempre será nuestro amigo y no nuestro enemigo. No vamos a querer que el tiempo pase más despacio (como cuando nos estamos divirtiendo y riendo con nuestra familia y amigos durante una fiesta), ni tampoco querremos que el tiempo pase más rápidamente (como cuando estamos esperando para hacerle una pregunta a mamá y ella está hablando por teléfono). No nos aburriremos y no vamos a tener que dejar de hacer las cosas que nos encantan. El tiempo en el Cielo siempre pasará de la manera perfecta —jamás nos parecerá muy largo o muy corto.

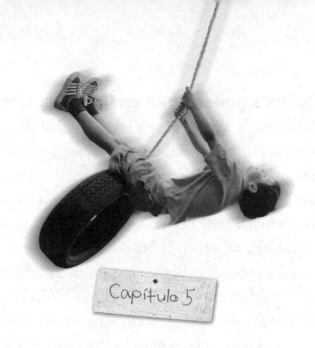

¿QUIÉNES GOBERNARÁN?

Los santos del Altísimo recibirán el reino, y
será suyo para siempre, ¡para siempre jamás!

Daniel 7:18

En Cair Paravel . . . hay cuatro tronos. En Narnia, desde
tiempos inmemoriales, se dice que cuando dos Hijos de Adán
y dos Hijas de Eva ocupen esos cuatro tronos, no sólo el reinado
de la Bruja Blanca llegará a su fin, sino también su vida.

C. S. Lewis, *El León, la Bruja y el Ropero*

¿Quiénes gobernarán en la Nueva Tierra?

¿Has pensado alguna vez en la posibilidad de ser presidente de tu país? Tal vez hayas pensado que serías un muy buen presidente de tu clase, o rey o reina de tu escuela. Ya sea que te elijan por votación o no, ¿adivina qué? Dios tiene en mente un papel de liderazgo para ti en la Nueva Tierra. Tal vez algún día te tenga gobernando una ciudad entera.

Considera esto: Algún día Jesús será declarado soberano absoluto del universo. Él le va a entregar a su Padre el reino que ha ganado (1 Corintios 15:28). Entonces Dios le dará a la gente la responsabilidad de gobernar la Nueva Tierra (Apocalipsis 22:5).

Hace mucho, mucho tiempo, cuando Dios creó el mundo, él decidió que los seres humanos gobernarían la tierra: "Y los bendijo con estas palabras: 'Sean fructíferos y multiplíquense; llenen la tierra y sométanla; dominen a los peces del mar y a las aves del cielo, y a todos los reptiles que se arrastran por el suelo'" (Génesis 1:28).

Los reinos humanos comenzarán y terminarán hasta que Jesús establezca un reino que los reemplazará para siempre.

Mi esposa, Nanci, y yo pudimos ir a Londres para asistir al estreno internacional de la película

El León, la Bruja y el Ropero. Fue en el teatro Royal Albert Hall. Había luces brillantes, cayó nieve artificial y las cámaras de televisión estaban por todos lados. La muchedumbre se apretujaba para conseguir autógrafos de los actores y actrices. Después de la presentación, pudimos conocer al director, al productor y a parte del reparto. Nos recostamos contra el farol que se usó en la película, Nanci se sentó en el trono de la Bruja Blanca y comimos delicias turcas (pero sin el encantamiento que nos hubiera querido hacer querer comer más y más). Fue algo muy divertido.

Un momento inolvidable ocurrió justo antes de que la película comenzara. Carlos, el Príncipe de Gales, y su esposa, Camila, la duquesa de Cornualles, entraron al palco real, a más o menos veinticuatro metros de donde estábamos sentados nosotros. Los sonidos de trompetas anunciaron su entrada, y todos se pusieron de pie y fijaron sus ojos en ellos, para honrar a la realeza.

En el instante en que nos sentamos, se apagaron las luces y comenzó la película. La película me recordó que Jesús es el verdadero Rey, el monarca que todo lo sabe, que es digno de nuestra completa adoración y lealtad.

Aunque Aslan es el rey supremo en Narnia, el "Rey de reyes," él corona a Pedro, a Edmundo, a Susana y a Lucía como reyes y reinas sobre su reino. Bueno, ¿adivina qué? C. S. Lewis sacó esa idea de la Biblia. Eso es exactamente lo que hace Jesús, el Rey de reyes: él nos nombra reyes y reinas para que gobernemos su reino en la Nueva Tierra.

Jesús nos da esta promesa en Mateo 25:34 (RV95): "Venid, benditos de mi Padre, heredad el reino preparado para vosotros desde la fundación del mundo." Así que, ¿cuál es la herencia que están a punto de recibir? Jesús dice: "Dichosos los humildes, porque recibirán la tierra como herencia" (Mateo 5:5). Eso quiere decir que tú eres miembro de la familia real, como los niños en las historias de Narnia. ¿Has leído alguna vez *La Silla de Plata*? En esa historia, una serpiente, que también es una bruja, pone al príncipe Rilian bajo un hechizo, por lo que él se olvida de que es en realidad el príncipe de Narnia. De la misma manera, Satanás no quiere que recordemos quiénes somos —los hijos del Rey, a quienes el Rey ha nombrado para que gobiernen su reino. (Lo voy a repetir: *¡Somos realeza!*)

¿Cuánto tiempo vamos a gobernar?

¿Cuánto tiempo durará el reino de Dios en la Nueva Tierra, el que él compartirá con nosotros? Dios le dio la respuesta al profeta Daniel y esa respuesta se encuentra en Daniel 7:18, tal como se citó al principio de este capítulo: Vamos a gobernar "para siempre, ¡para siempre jamás!" No vamos a ser realeza por un corto tiempo, sino para siempre.

La historia de Narnia dice: "Una vez rey o reina en Narnia, eres rey o reina para siempre." También podríamos decir: "Una vez rey o reina en la Nueva Tierra, eres rey o reina para siempre."

¿A quiénes gobernaremos?

Nosotros gobernaremos, o guiaremos, a personas como nosotros y también a los ángeles. "¿Acaso no saben que los creyentes juzgarán . . . aun a los ángeles?" (1 Corintios 6:2-3).

También gobernaremos sobre los animales, de la misma forma que Dios les dijo a Adán y Eva que lo hicieran en Génesis 1–2.

¿Y quiénes van a gobernar sobre nosotros? Otras personas. En todos los gobiernos, una persona está a cargo de muchas personas. Esas personas están a la vez sobre algunas personas y debajo de otras.

Aquí, en la primera Tierra, donde el pecado todavía es un problema, tal vez nos enojemos con un hermano o hermana que nos dice lo que tenemos que hacer. Pero que alguien nos gobierne en el Cielo no nos va a molestar en absoluto. Allí no habrá orgullo, envidia, vanagloria o malas actitudes.

Todos nosotros podemos servir a Dios de alguna forma. Tal vez tú ayudas con los niños más pequeños en tu iglesia. O tal vez haces cosas buenas sin que te lo pidan, como limpiar lo que otra persona ha ensuciado. Los que sirven a Dios ahora podrán servirlo en la Nueva Tierra. La Biblia dice que el siervo humilde será puesto a cargo de mucho, mientras que al que siempre está mandando a todo el mundo se le quitará el poder. La persona que quiere que otros piensen que es importante será humillada. Alguien que es humilde y no trata de lograr que otros crean que es importante será tratado como que él o ella *sí* es importante (Lucas 14:11).

En esta tierra, a veces pensamos que servir a otras personas es un fastidio. (Vamos, admítelo; todo el mundo piensa así a veces.) Pero en la Nueva Tierra no será así. Y aun ahora podemos honrar a

Jesús y disfrutar sirviendo a otras personas. ¿Cómo?
Poniendo a Jesús primero en nuestra vida, a los
demás en segundo lugar y a nosotros en tercer
lugar: "Con humildad consideren a los demás como
superiores a ustedes mismos" (Filipenses 2:3). Esto
no es algo que nos sale naturalmente, pero podemos
pedirle a Jesús que nos ayude a hacerlo. (¿Por qué
no se lo pides ahora mismo?)

¿Creará Dios nuevos mundos?

Primero, una lección de historia. (Esto no tomará
mucho tiempo.) ¿Sabes algo de Alejandro el
Grande? Es una persona real que vivió en los años
356–323 a.C. A una edad muy temprana, decidió
que se apoderaría de todo el mundo conocido y se
las arregló para conquistar el Imperio Persa. Era un
hombre cruel, implacable y con mucha determi-
nación. Pero aun a un conquistador se le terminan
los mundos para ser conquistados, especialmente
si no puede crear nuevos mundos para conquistar. A pesar de esto, él tenía la idea de que era . . .
bueno . . . de que era un dios. (¡Lo siento, Alejandro! El Dios verdadero siempre ha tenido ese trabajo y siempre lo tendrá.) Alejandro murió cuando

tenía apenas treinta y tres años de edad. Lo cual significa que no era un dios.

Jesús también murió cuando tenía alrededor de treinta y tres años —pero resucitó de los muertos, ¡porque él *sí* es en realidad Dios! Volvió a vivir, para no morir nunca más. Nadie más ha hecho eso nunca.

Dios el Padre dijo esto acerca de su Hijo, el Salvador: "Se extenderán su soberanía y su paz, y no tendrán fin" (Isaías 9:7). Esto quiere decir que su reino no va a terminar. El hecho de que su gobierno va a continuar extendiéndose para siempre sugiere que Dios, el Creador, tal vez haga nuevos mundos para expandir su reino.

Dios es el artista por excelencia y a los artistas les encanta crear. Dios no creó al mundo y luego se jubiló de su trabajo. Jesús dijo: "Mi Padre hasta ahora trabaja, y yo trabajo" (Juan 5:17, RV95). No podemos siquiera imaginar lo que ya ha estado haciendo —mucho menos lo que hará en los tiempos venideros.

A medida que Dios crea nuevas cosas, es probable que continúe poniéndonos a cargo de su creación. Tendremos cosas que hacer, lugares adonde ir y personas para ver. Haremos cosas que nos traen gozo y que le agradan a Dios, nuestro Creador y Padre.

Capítulo 6

¿CÓMO SERÁN NUESTRAS VIDAS EN EL CIELO?

Me has dado a conocer la senda de la vida; me llenarás de alegría en tu presencia, y de dicha eterna a tu derecha.

SALMO 16:11

Cada uno levantó la mano para coger la fruta que más le gustó, y luego cada uno se detuvo, titubeando, por un segundo. Esta fruta era tan preciosa que cada cual pensó: "No puede ser para mí . . ., seguramente no estamos autorizados para tomarla." "No se preocupen," dijo Pedro. . . . "Tengo la sensación de que hemos llegado al sitio donde todo está permitido."

C. S. LEWIS, *La Última Batalla*

¿Nos convertiremos en ángeles en el Cielo?

Muchas personas piensan que el Cielo es una ciudad de ángeles. Han escuchado que todos los que van al Cielo reciben un arpa y una aureola, y que luego se sientan en una nube.

Algunas personas creen que se convertirán en ángeles porque interpretan mal algo que dijo Jesús: "En la resurrección ni se casarán ni se darán en casamiento, sino serán como los ángeles de Dios en el cielo" (Mateo 22:30, RV95). Pero Jesús estaba hablando solamente del hecho de que los ángeles no se casan. Él no estaba diciendo que las personas se convierten en ángeles, ni que seremos como los ángeles en alguna otra forma además de no poder casarse.

Así que, cuál es la respuesta a la pregunta: "¿Nos convertiremos en ángeles en el Cielo?" La respuesta es no. Cuando tú vayas a vivir al Cielo, todavía serás un ser humano. Tanto los ángeles como los seres humanos son inteligentes y fueron creados para servir a Dios, lo cual da significado y gozo a sus vidas. Pero, sin embargo, las personas y los ángeles son muy diferentes. Dios es creativo y le gusta la variedad. (Mira los colores, las flores y los animales.) Él no hizo iguales a todas las criaturas inteligentes. (Fíjate que él ni siquiera hace dos copos de nieve iguales, ni dos huellas digitales iguales.)

Los ángeles son seres con su propia identidad, con historias y recuerdos. Tienen nombres como Miguel y Gabriel. Bajo la dirección de Dios, nos sirven a nosotros en la Tierra. El arcángel Miguel sirve bajo la dirección de Dios; y los otros ángeles, en diferentes posiciones, sirven bajo Miguel. En el Cielo, los seres humanos estarán a cargo de los ángeles (1 Corintios 6:2-3). ¿No te parece formidable eso?

¿Tendremos sentimientos y los expresaremos?

¿Crees que alguna vez Dios se ríe o llora? En la Biblia se dice que Dios disfruta, ama, se ríe, se deleita y se regocija, como también dice que se enoja, que es un Dios celoso y que se entristece. Sabemos que después de la muerte de su amigo Lázaro, "Jesús lloró" (Juan 11:35, que es el versículo más corto de toda la Biblia). Dios también nos dice que cuando los discípulos trataron de alejar a algunos niños de Jesús, "se indignó" con los discípulos (Marcos 10:14).

Fuimos hechos a imagen de Dios, así que tenemos sentimientos y los expresamos, como lo hace

Dios. Deberíamos esperar poder hacer lo mismo en
el Cielo.

En la Tierra, a veces nuestros sentimientos
causan que hagamos cosas malas. Es por eso que
la gente tiene tanta dificultad con sus sentimientos. Por ejemplo, el enojo puede llevar a herir a
otras personas, o a sentirnos heridos por ellas. En
el Cielo tendremos la libertad de sentir profunda-
mente sin el temor de que nuestros sentimientos
nos lleven a cometer acciones que hieran a otros,
o el temor de que otras personas nos hieran a
nosotros. Nos amaremos los unos a los otros sin
herir los sentimientos de los demás.

Casi no puedo esperar por eso.

¿Se nos permitirá tener o hacer lo que realmente queramos?

¿Alguna vez has querido algo y te dijeron: "No lo
puedes tener porque es malo para ti"? Tal vez lo que
realmente querías hacer era comer dieciséis cuchara-
das grandes de helado en lugar de cenar. O tal vez
querías jugar juegos de video toda la tarde en lugar
de hacer tus deberes.

Tendremos muchos deseos en el Cielo, pero todo lo
que queramos será bueno. Nuestros deseos le agra-

darán a Dios. Todo estará bien y no habrá nada que esté fuera de nuestros límites.

Cuando tu mamá o tu papá o tu tío asan churrascos o hamburguesas a la parrilla, el cocinero quiere que la familia escuche cuando la carne chisporrotea y que anhelen comerla. Dios creó nuestros deseos y todas las cosas que anhelamos tener. A él le encanta cuando se nos hace agua la boca por lo que él ha preparado para nosotros. Estamos disfrutando a Dios cuando anhelamos los regalos que él nos ha prometido.

Una de las mejores cosas acerca del Cielo es que ya no existirán los malos deseos con los que hemos tenido que luchar en la Tierra. Disfrutaremos la comida sin comer demasiado o muy poco; no haremos algo que nos lastime a nosotros mismos o a alguna otra persona.

En la Nueva Tierra, después que Jesús regrese (ve el capítulo cuatro), ya no habrá una diferencia entre lo que *debemos* hacer y lo que *queremos* hacer.

¿Tendremos las mismas identidades que tenemos ahora?

¡Buenas noticias! Tú serás *tú* en el Cielo.

Piensa en lo siguiente. El Jesús resucitado no

se convirtió en alguien más; él fue el mismo Jesús que había sido antes de su resurrección. Él les dijo a sus discípulos: "¡Soy yo mismo! Tóquenme y vean" (Lucas 24:39). Jesús trató con Tomás y con Pedro de una manera muy personal porque sabía muchas cosas acerca de ellos. Cuando Tomás vio a Jesús una semana después de la Resurrección, dijo: "¡Señor mío y Dios mío!" (Juan 20:28). Él sabía que estaba hablando con el mismo Jesús al que había seguido antes de la muerte de Jesús en la cruz. Cuando Juan estaba pescando con algunos de los otros discípulos, él vio a Jesús en la costa y dijo: "¡Es el Señor!" (Juan 21:7). Lo que quiso decir es: "Es en realidad él, el Jesús que hemos conocido."

Nuestras propias personalidades e historias continuarán de la primera Tierra a la Nueva Tierra. Así que vas a reconocer a amigos y familiares. Ellos también te reconocerán a ti. Pero lo mejor de todo es que ¡Jesús te conocerá . . . y tú lo conocerás a él!

Esto también quiere decir que continuarás siendo hombre (si eres hombre), o mujer (si eres mujer). Mientras que algunas personas dicen que en el Cielo ya no seremos hombres y mujeres, eso no es lo que dice la Biblia. Después de todo, cuando la gente vio a Jesús en su cuerpo de resurrección, supieron que todavía era un hombre y no una mujer.

¿Cómo serán nuestros cuerpos?

¿Has deseado alguna vez parecerte a otra persona? Tal vez te gustaría ser tan alto como tu hermano o tener el mismo color de pelo que tu amigo. Tal vez te gustaría poder hacer algunas cosas que hacen otras personas. Tal vez pienses que serías realmente feliz si pudieras jugar al fútbol tan bien como algunos de los otros muchachos de tu escuela.

Después de que Jesús regrese a esta Tierra, tendremos nuevos cuerpos para la Nueva Tierra. Y lo que es maravilloso es que esos cuerpos serán mejor que cualquier cosa que podamos imaginar. Por un lado, estarán libres de la maldición que cayó sobre la Tierra debido al primer pecado en el jardín del Edén. "Y no habrá más maldición" (Apocalipsis 22:3, RV95).

La maldición es lo que quitó la belleza de la creación de Dios, o lo que ocultó la belleza de nuestra vista. Así que, sin la maldición, todo lo que Dios ha hecho será hermoso. Y nunca dejaremos de ver la belleza en ello. No habrá enfermedades, ni impedimentos físicos —ni siquiera problemas en la piel.

Nuestros cuerpos se verán muy bien sin la clase de belleza artificial que se encuentra en las películas y en los avisos comerciales. Después de todo, en algunos países ser delgado se considera enfermizo, mientras que una constitución más gruesa es vista como un indicio de fuerza y de buena salud. Pero en el Cielo, nadie se considerará a sí mismo o a sí misma como feo o raro. (Imagínate lo fantástico que será *eso*.)

Si pudiéramos ver a Adán y Eva como fueron en el Edén, es probable que nos quedáramos sin aliento. Si ellos nos pudieran mirar desde el jardín y ver en lo que nos hemos convertido a través de los siglos —aun los mejores atletas y las estrellas de cine más populares— probablemente se sentirían conmocionados y nos tendrían lástima.

Dios decidirá lo perfecto que se verán nuestros cuerpos y no hay razón para pensar que todos nos vamos a ver igual. Diferentes alturas y pesos parecen tan probables como diferentes colores de piel. Tal vez las personas que ahora son altas tendrán cuerpos de resurrección altos; y las que son bajas permanecerán bajas. ¿Quién sabe? Pero sabemos que Dios es el Creador, el Artista y el Inventor de la variedad. Y sabemos que todos estaremos completamente felices con la manera en que Dios nos haga (al igual que lo deberíamos estar ahora).

No nos sentiremos orgullosos o engreídos por la forma en que nos vemos, pero tampoco nos sentiremos avergonzados. Nunca nos vamos a mirar al espejo y desear tener cabello, ojos, orejas o dientes diferentes. No vamos a tener que esforzarnos para vernos bien, porque Dios hará que nos veamos bien y que estemos bien, tal vez sin que nosotros lo intentemos siquiera.

¿Podremos volar y hacer cosas grandiosas en nuestros nuevos cuerpos?

Si tú pudieras tener cualquier habilidad (aun las de un superhéroe), ¿cuál sería la que quisieras tener? Algunos de ustedes tal vez quisieran volar como un ave, saltar por encima de una montaña, o pelear como un ninja. (O tener las habilidades de la familia Parr en la película *Los Increíbles*.)

Cuando Jesús volvió a la vida, él tenía un nuevo cuerpo con algunas habilidades sorprendentes. Podía aparecer repentinamente ante sus

discípulos en un cuarto cerrado (Juan 20:19). Pudo
desaparecer de la vista de sus dos seguidores cuando
llegaron a Emaús (Lucas 24:31). Cuando Jesús se
fue de la tierra, no fue detenido por la ley de la gra-
vedad, sino que subió en el aire (Hechos 1:9). A eso
se le llama su ascensión al Cielo. Asombroso, ¿no es
verdad?

Es posible que Jesús, quien es tanto Dios como
hombre, tenga ciertas habilidades físicas que nosotros no tendremos. El aparecer y desaparecer puede
haber sido una forma de mostrarles a sus discípulos
que Jesús está en todos lados. La ascensión tal vez
haya sido algo que sólo el cuerpo de Jesús puede
hacer.

Sin embargo, en muchos pasajes de la Biblia
se nos dice que nuestros cuerpos van a ser como
el de él, así que tal vez podamos movernos y viajar
en formas diferentes a como lo hacemos ahora. No
sabemos los planes maravillosos que Dios tiene para
nuestros cuerpos. Tal vez podamos zambullirnos
como una ballena, o volar en picada como un águila
en la Nueva Tierra. Tal vez corramos como una
gacela o escalemos una montaña como una cabra.
(¡Y quién sabe lo que las gacelas y las cabras podrán
hacer!)

¿Cuántos años tendremos en el Cielo?

Un bebé que muere ¿será un bebé para siempre en el Cielo? El hombre que muere a los noventa años ¿se verá como de noventa años cuando camine en la Nueva Tierra?

La gente —tantos los adultos como los niños— siempre han formulado preguntas como esas. Algunos creen que todos seremos de la misma edad que tenía Jesús cuando murió (alrededor de treinta y tres años). Otros creen que seremos de la edad que teníamos cuando morimos, excepto por los ancianos. Estos serían de la edad que tenían cuando dejaron de crecer —antes de que sus cuerpos comenzaran a envejecer y debilitarse.

Así que tal vez pienses: *Oiga, yo soy un niño. Los niños que van al Cielo ¿serán niños cuando lleguen allí o no? ¿Habrá niños en la Nueva Tierra?* Isaías 11:6, 8-9 describe una Tierra en la cual "juntos andarán el ternero y el cachorro de león, y un niño pequeño los guiará. . . . Jugará el niño de pecho junto a la cueva de la cobra, y el recién destetado meterá la mano en el nido de la víbora. No harán ningún daño ni estrago."

Puede ser que Isaías 11 esté hablando de un período de mil años en esta Tierra llamado el Milenio. Si Isaías 11 está hablando de la Nueva

Tierra, es posible que a los niños que mueren y que van al Cielo se les permita crecer en la Nueva Tierra después del retorno de Jesús. ¿No sería ese un vecindario maravilloso? Los padres cristianos tal vez vean crecer a sus hijos. Y si tú tienes un hermano, hermana o amigo que ha muerto, es posible que tú también puedas disfrutar los años del crecimiento de ellos en la Nueva Tierra.

Por otro lado, es posible que en la Nueva Tierra parezcamos intemporales, como los elfos en *El Señor de los Anillos* de Tolkien. Tal vez tus padres y abuelos siempre te van a parecer mayores a ti y a tu hermanita, pero a sus propios padres y abuelos tal vez les parezcan jóvenes.

Puesto que la Biblia no da respuestas definitivas acerca de esta pregunta en cuanto a la edad, tendremos que esperar para ver cómo lucimos cuando lleguemos al Cielo. Cualquiera que sea la respuesta, sabemos que nos veremos muy bien y nos sentiremos muy bien, y que estaremos muy entusiasmados acerca de los cuerpos de resurrección que Dios nos dará.

¿Usaremos ropa?

La ropa es muy importante para nosotros. ¿Qué te gusta usar? ¿Pantalones vaqueros? ¿Pantalones

cortos? ¿Cualquier cosa mientras que sea de color
púrpura?

Debido a que Adán y Eva estuvieron desnudos
sin avergonzarse antes de desobedecer a Dios, algunas personas dicen que no necesitaremos usar ropa
en el Cielo. Antes de que te dé un ataque, te tengo
buenas noticias. Aun antes de la resurrección final
que sucederá cuando Jesús regrese a la Tierra, ya se
describe a la gente usando ropa —túnicas blancas
que indican pureza, gracias a Jesús (Apocalipsis 3:4;
6:11). Hasta se describe al Jesús resucitado usando
una túnica en el Cielo. Así que parece que usaremos
ropa —no porque habrá vergüenza o tentación,
sino tal vez porque mejorará nuestra apariencia y
comodidad.

Usar túnicas tal vez nos parezca extraño,
a menos que estemos actuando en una obra de
Navidad. Pero para la gente del siglo primero, cualquier otra cosa que *no* fuera una túnica les hubiera
parecido extraña, porque eso es lo que usaban la
mayor parte del tiempo. Así que es probable que
eso sea lo que ellos usarán en el Cielo.

Podemos imaginarnos en el Cielo vestidos de
la forma en que la gente se viste en nuestra cultura
en la Tierra. ¿Quiere decir eso que algunas personas

usarán pantalones vaqueros y camisetas, mientras que otras usarán ropa más formal? ¿Por qué no? De la misma forma en que aquí usamos ropa diferente para distintas ocasiones, tal vez hagamos lo mismo en la Nueva Tierra.

El blanco es el color que se asocia más a menudo con la ropa en el Cielo. Es posible que las ropas blancas indiquen nuestra posición con Dios (Apocalipsis 7:9), de la misma forma en que mostraron la relación de Jesús con Dios durante su experiencia en la cima del monte (Mateo 17). El énfasis en el blanco puede relacionarse con estar limpios.

Es sorprendente, pero la única persona descrita en el Cielo como usando una túnica que no es blanca es Jesús: "Estaba vestido de una ropa teñida en sangre" (Apocalipsis 19:13, RV95). Es muy probable que no fuera realmente sangre, sino una túnica roja, que es un símbolo de la muerte de Jesús por todas las cosas malas que hemos hecho.

Se describe a siete ángeles usando cintos de oro (Apocalipsis 15:6, RV95). Debido a que personas de diferentes países usan ropas muy coloridas, deberíamos esperar que también las usen en el Cielo. Más adelante hablaremos sobre cómo la gente resucitada mantendrá su herencia cultural.

El libro del Apocalipsis nos dice que seremos sacerdotes, reyes y reinas en el Cielo. Dios diseñó ropas especiales para los sacerdotes en los tiempos del Antiguo Testamento (Éxodo 28:3-43). Así que es posible que como hijos de Dios que pertenecemos a la realeza, usaremos una variedad de ropas hermosas cuando gobernemos la tierra bajo la dirección de Jesús, el Rey de reyes.

¿Comeremos y beberemos en el Cielo?

Piensa en la comida que te gusta más. ¿Es pizza? ¿Papas fritas? ¿Torta de chocolate? ¿Helado con pedacitos de galleta de chocolate, de chocolate con menta, o simplemente helado de vainilla? Tal vez tu idea del Cielo sea comer eso por miles de años.

Muchas personas temen que en el Cielo no habrá la necesidad de comer o beber. Pero piensa en esto: Después de su resurrección, Jesús les pidió a sus discípulos que le dieran de comer y comió un pedazo de pescado delante de ellos (Lucas 24:41-43). Él probó que la gente resucitada *puede* comer, y come alimentos como los que comemos nosotros. Él podría haber decidido no comer. Pero el hecho de que

comió dice mucho en cuanto a cómo era su cuerpo de
resurrección.

Otros versículos bíblicos dicen que comeremos
en fiestas con Jesús en un reino terrenal. Jesús les
dijo a sus discípulos: "No beberé más del fruto de la
vid hasta que el reino de Dios venga" (Lucas 22:18,
RV95). En otra ocasión Jesús dijo: "Muchos [genti-
les] vendrán del oriente y del occidente, y participa-
rán en el banquete con Abraham, Isaac y Jacob en
el reino de los cielos" (Mateo 8:11).

Un ángel en el Cielo le dijo a Juan: "¡Dichosos los que han sido convidados a la cena de las
bodas del Cordero!" (Apocalipsis 19:9). ¿Qué hace
la gente en una comida o fiesta, especialmente una
fiesta de bodas? Comer y beber, hablar, contar historias, celebrar, reírse y comer postre. Las fiestas de
bodas en el Medio Oriente a menudo duraban una
semana completa. Un día, mientras comía en la casa
de un fariseo, Jesús le dijo a su anfitrión: "Cuando
des una comida o una cena . . . invita a los pobres,
a los inválidos, a los cojos y a los ciegos. Entonces
serás dichoso, pues aunque ellos no tienen con qué
recompensarte, serás recompensado en la resurrección de los justos" (Lucas 14:12-14). Después de
que Jesús se refirió a la resurrección de los muertos,

un hombre en la fiesta le dijo: "¡Dichoso el que coma en el banquete del reino de Dios!" (Lucas 14:15). Si el hombre que dijo eso hubiera tenido una idea equivocada en cuanto al Cielo, Jesús se lo hubiera dicho. Pero él no lo hizo. De hecho, lo que hizo fue continuar con el pensamiento del hombre y relató una historia acerca de alguien que preparó un banquete para muchos invitados (Lucas 14:16-24).

Así que, ¿comeremos y beberemos en el Cielo? La respuesta es un rotundo *¡sí!*

¿Seremos tentados a veces a hacer cosas malas?

El hecho de que Adán y Eva —dos personas que vivieron en un lugar perfecto— pecaron hace que mucha gente se pregunte si nosotros pecaremos alguna vez en el Cielo. Después de todo, Satanás, que una vez fue un ángel, arruinó totalmente las cosas con Dios, y ¿no vivía él en el Cielo cuando pecó por primera vez?

Veamos lo que dice la Biblia. En el Cielo "no habrá más muerte, ni habrá más llanto ni clamor ni dolor, porque las primeras cosas ya pasaron" (Apocalipsis 21:4, RV95). La Biblia también dice que "la paga del pecado es muerte" (Romanos 6:23, RV95). Debido a que el pecado siempre lleva a la muerte, a la aflicción y al dolor, la promesa de que no habrá ni muerte, ni aflicción, ni dolor, es también una promesa de que *no habrá pecado*.

La Biblia dice que Dios *no puede* pecar. Sería contra su naturaleza. Una vez que estemos con él en el Cielo, también será contra nuestra naturaleza. No querremos pecar porque Jesús no quiere pecar y es algo que él nunca hará.

Jesús dijo: "El Hijo del hombre enviará a sus ángeles, y arrancarán de su reino a *todos* los que pecan y hacen pecar. Los arrojarán al horno encendido. . . . *Entonces* los justos brillarán en el reino de su Padre como el sol" (Mateo 13:41-43, itálicas añadidas).

¿Quiénes serán arrancados? *Todos* los que pecan y hacen pecar. *Entonces* brillaremos como el sol, al igual que Jesús. El pecado ya no podrá tocarnos.

¿Tendremos la libertad de tomar nuestras propias decisiones?

Dios no nos fuerza a que lo obedezcamos. Él nos da la libertad para elegir. El *libre albedrío* es la liber-

tad de escoger obedecer a Dios o desobedecerlo.
Dios no nos quitará esa opción en el Cielo.

El hecho de tener libre albedrío puede sonar
como que querremos hacer cosas malas en el Cielo.
Sin embargo, como mencioné en la respuesta a
la pregunta anterior, ya no *querremos* hacer cosas
malas. ¿Por qué? Por Jesús. (Fíjate en lo que dice
Romanos 5:19.) La incapacidad de pecar no quiere
decir que no tendremos libre albedrío. Dios no
puede pecar, sin embargo, ninguna criatura creada
tiene mayor libertad para elegir que Dios, el
Creador.

Jesús murió *una vez* para tratar con el pecado
y nunca más tener que morir (1 Pedro 3:18).
Recuerda, Jesús prometió hacer nuevas todas las
cosas (Apocalipsis 21:5). Seremos personas nuevas. Aunque todavía seremos como somos ahora,
no tendremos los mismos deseos de antes de hacer
cosas malas.

Nunca olvidaremos lo terrible que es herir a
Dios y a otros. Las personas que han experimentado quemaduras severas no sienten la tentación de
caminar cerca a una fogata. Habiendo conocido lo
que es la vida con las tentaciones de este mundo,
nosotros, los que experimentaremos una vida

nueva en el Cielo, nunca querremos volver a la vida anterior.

Si alguna vez nos viene el pensamiento del pecado, pensaríamos: *¿Pecado? He pasado por eso; sé lo que es. Fue terrible; sólo un tonto elegiría ese camino.* La buena noticia es que en el Cielo no seremos tontos. Nunca nos podrán engañar para que pensemos que Dios está reteniendo algo bueno de nosotros, o que hacer algo pecaminoso sería más divertido y más emocionante.

En Narnia, Aslan llega a un mundo que es "siempre invierno y nunca Navidad." Cuando él llega, el hielo comienza a derretirse, señalando un cambio que le viene a toda la tierra. El trineo de la bruja blanca comienza a romper el hielo hasta alcanzar el tibio barro.

"Esto no es deshielo," dijo entonces el enano (el conductor de la reina), deteniéndose de pronto. "Es la *primavera.* ¿Qué vamos a hacer? Su invierno ha sido destruido. ¡Se lo advierto! Esto es obra de Aslan."

Al igual que Aslan fue a Narnia para salvarla del poder de la Bruja Blanca, Jesús vino para salvar a la Tierra del poder de Satanás. La Biblia dice: "El Hijo de Dios fue enviado precisamente para destruir las obras del diablo" (1 Juan 3:8).

El pecado y Satanás *nunca más* se van a apoderar de la Tierra o de nosotros. Aunque vamos a tener deseos y libre albedrío, no sólo nunca más vamos a *querer* pecar, nunca vamos a *desear* querer pecar.

¿Recibirá toda la gente las mismas recompensas en el Cielo?

Por lo general queremos ser tratados como a toda la demás gente (a menos que todos sean tratados mal, por supuesto). Si tu hermano recibe cinco regalos de Navidad, tú quieres cinco regalos de Navidad, ¿no es verdad? Si a tu hermana melliza le permiten quedarse levantada después de su hora de irse a dormir, tú también quieres lo mismo. Cuando eso no sucede, ¿qué haces? ¿Protestas y te quejas?

En cierta forma, toda la gente será tratada igual en el Cielo. Jesús contó una historia acerca de unos trabajadores que fueron contratados al comenzar el día y otros que fueron contratados cuando sólo faltaba una hora para terminar de trabajar (Mateo 20:1-16). Todos los obreros recibieron el mismo pago. Pero los trabajadores que fueron contratados temprano se quejaron. Sintieron que deberían de haber recibido más porque trabajaron

más tiempo. Jesús dijo que si el que los había con-
tratado quería pagarles a unos más que a otros, era
asunto de él. Nadie más tenía derecho a quejarse. A
menudo, la gracia de Dios es sorprendente.

La historia de Jesús es un recordatorio de que
toda la gente que cree en él terminará en el mismo
lugar: el Cielo. Esto es así tanto para la persona que
comienza a creer en Jesús a los siete años de edad
como para alguien que comienza a creer en Jesús a
los noventa y dos años. Dios los amará a todos por
igual. Sin embargo, no todos tendrán las mismas
recompensas en el Cielo.

La mayoría de los cristianos no habla muy a
menudo de las recompensas, aunque la Biblia sí
lo hace. Tal vez sea por temor a que la gente bus-
que las recompensas por razones equivocadas. O
por que se vayan a jactar de sus recompensas en el
Cielo. Pero eso es tonto, porque *ninguno* de nosotros se va a jactar en el Cielo de nada, ¡excepto de
Jesús! A continuación indico sólo algunas de las
muchas cosas importantes que dice la Biblia en
cuanto a las recompensas en el Cielo:

- "El Señor recompensará a cada uno por el
  bien que haya hecho" (Efesios 6:8).

- "Dios no es injusto para olvidar vuestra obra y el trabajo de amor que habéis mostrado hacia su nombre, habiendo servido a los santos y sirviéndoles aún" (Hebreos 6:10, RV95).

- [Jesús dijo:] "Les aseguro que cualquiera que les dé un vaso de agua en mi nombre por ser ustedes de Cristo no perderá su recompensa" (Marcos 9:41).

- "Yo soy el que escudriña la mente y el corazón; y a cada uno de ustedes lo trataré de acuerdo con sus obras" (Apocalipsis 2:23).

Algunos versículos bíblicos mencionan que tendremos diferentes recompensas y posiciones en el Cielo, de acuerdo a la forma en que servimos a Dios ahora. Por ejemplo, Jesús contó una historia de siervos que fueron recompensados de manera diferente por servir a su amo. (Lee Mateo 25:14-30.)

Jesús contó otra historia que incluyó las siguientes palabras: "'¡Hiciste bien, siervo bueno!' le respondió el rey. 'Puesto que has sido fiel en tan poca cosa, te doy el gobierno de diez ciudades'" (Lucas 19:17). A otro siervo se le dio el gobierno de cinco ciudades.

Aquellos que han servido a Jesús con más fidelidad en la Tierra recibirán mayores recompensas y responsabilidades en la Nueva Tierra. Pero en el Cielo, no nos vamos a quejar ni gimotear: "Oigan, ¡eso no es justo!" Sabremos que todas las decisiones de Dios en cuanto a las recompensas son correctas. Y nunca envidiaremos o nos sentiremos resentidos con otras personas.

Debido a que sabemos que es importante no creer que podemos hacer cosas para ganar nuestra entrada al Cielo, a veces no le damos la importancia que tiene a la idea de hacer buenas obras para servir a Dios. Pero la Biblia dice que aun cuando las buenas obras no nos ganan la entrada al Cielo, los que van al Cielo deberían buscar hacer buenas obras que le agraden a Dios. En efecto, la Biblia dice: "Porque somos hechura de Dios, creados en Cristo Jesús para buenas obras, las cuales Dios dispuso de antemano a fin de que las pongamos en práctica" (Efesios 2:10).

Las buenas obras incluyen ayudar y hacer cosas buenas por otras personas, tales como visitar a alguien que está en un hogar de ancianos, hornear galletitas para un vecino, o preparar chocolate caliente para un miembro de la familia. Otras buenas obras que Dios va a recompensar si tienes la actitud correcta son: escribir una nota para alentar a alguien, decir gracias, ayudar a mamá a lavar los platos, recoger los platos sucios de la mesa, llevar a caminar al perro.

Hablarles de Jesús a otras personas, orar por la gente, prestarles cosas a otras personas para que las usen y dar dinero a tu iglesia son todas buenas obras. Dios te ha creado para que hagas buenas obras y él ha planeado que las hagas. Así que si le preguntas qué es lo que puedes hacer para él y para otros, él te lo mostrará. Y te dará la fuerza para hacer esas cosas buenas. Espero que el conocimiento de esto te aliente para hacer buenas obras.

¿Sabremos todas las cosas?

Tal vez tú eres el niño más inteligente de tu familia, de tu vecindario o de tu clase. Eso quiere decir que sabes muchas cosas. Pero aun la persona más inteligente del mundo sólo sabe una pequeñísima parte de *todo* lo que hay para saber. Sólo Dios sabe *todas las cosas*.

Cuando muramos y vayamos a vivir con Dios, por cierto que entenderemos las cosas más claramente

y sabremos mucho más de lo que sabemos ahora.
Pero aun entonces *nunca* sabremos todas las cosas.
¿Por qué? Porque no somos Dios. Porque no hemos
estado desde el comienzo de todo en la forma en que
lo ha estado Dios y porque no somos el Creador, sino
seres creados.

El apóstol Pablo, un hombre muy inteligente
que escribió la mayor parte del Nuevo Testamento,
escribió lo siguiente: "Ahora vemos por espejo,
oscuramente; pero entonces veremos cara a cara.
Ahora conozco en parte; pero entonces conoceré
como fui conocido" (1 Corintios 13:12, RV95). Lo
que quiso decir es que cuando veamos a Dios,
sabremos mucho más de lo que sabemos ahora
acerca de él y de nosotros mismos. Y lo que sepamos va a ser lo correcto; será la verdad.

Aun los ángeles no saben todas las cosas. Sin
embargo, igual que nosotros, desean saber más
(1 Pedro 1:12).

Si lees sólo parte de un libro o ves parte de una
película, no sabes toda la historia, ¿no es verdad?
Es sólo cuando terminas de leer el libro, o ves que
pasan los títulos de crédito, que sabes toda la historia. Así es la vida. Aquí en la Tierra sólo tenemos
parte de la historia. Pero Dios sabe todas las cosas,

desde el comienzo hasta el final. Él sabe todo lo
que ha pasado y todo lo que pasará. Él sabe todas
las decisiones que cada persona ha tomado o que
tomará en su vida.

Hay algunos eventos que tal vez no entendamos en esta Tierra. Por ejemplo, no entendemos
por qué ocurren los huracanes, o por qué mueren
personas inocentes. Sin embargo, Pablo escribió
que "Dios dispone todas las cosas para el bien de
quienes lo aman, los que han sido llamados de
acuerdo con su propósito" (Romanos 8:28). ¿Cómo
es posible eso? Porque Dios sabe todas las cosas. En
el Cielo entenderemos por qué sucedieron ciertas
cosas y cómo Dios dispuso bien aun de tiempos de
aflicción. (Incluyendo los tiempos de dolor de tu
propia vida.)

Un día veremos a Dios y verdaderamente lo
conoceremos (Apocalipsis 22:4). Entonces las cosas
tendrán sentido. Nunca entenderemos todo, pero
conoceremos y confiaremos en el Dios que entiende
todas las cosas. Así que nunca más tendremos
razones para preocuparnos. (Y si ahora nos damos
cuenta de que Dios es bueno, de que sabe todas
las cosas y de que puede hacer lo que quiera, ahora
tampoco tenemos por qué preocuparnos.)

¿Aprenderemos cosas nuevas?

¿Qué es lo que te gustaría aprender? ¿A esquiar en el agua? ¿A montar a caballo? ¿A pintar? ¿A hablar portugués o chino? ¿A escribir un libro?

Escuché decir a alguien: "No habrá más aprendizaje en el Cielo." Pero según la Palabra de Dios, continuaremos aprendiendo para siempre.

La Biblia dice: "Dios nos resucitó y nos hizo sentar con él en las regiones celestiales, para mostrar en los tiempos venideros la incomparable riqueza de su gracia" (Efesios 2:6-7). El verbo *mostrar* significa "revelar." Esto quiere decir que Dios continuará mostrándonos o revelándonos más cosas acerca de sí mismo para que podamos continuar aprendiendo más acerca de él.

Jesús les dijo a sus discípulos: "Aprendan de mí" (Mateo 11:29). En el Cielo tendremos el privilegio de escuchar a Jesús enseñar mientras nos sentamos a sus pies tal como lo hizo María (Lucas 10:39). También disfrutaremos caminando con él por los campos, siempre aprendiendo de él, tal como hicieron sus discípulos. Tal vez se les asigne a los ángeles guardianes o a algunos seres queridos que sean nuestros guías o tutores. Puede ser que se nos permita ser tutores de algunas personas que entren al Cielo después de nosotros.

Hay mucho para descubrir en este universo, pero en nuestra vida presente aquí en la Tierra tenemos muy poco tiempo y muy poca oportunidad para aprender todas las cosas que quisiéramos. Tendremos suficiente tiempo en el Cielo. Entre otras cosas, podremos explorar la Nueva Tierra y descubrir cosas sorprendentes en cuanto a la creación de Dios, las cuales nos dirán más acerca de nuestro Creador.

¿Dormiremos?

¿Te gusta dormir hasta tarde los sábados y los días feriados? Después de una semana difícil en la escuela, tal vez te guste dormir hasta tarde como recompensa por haberte levantado temprano toda la semana.

Nuestra vida en el Cielo incluirá el descanso. "'Dichosos los que de ahora en adelante mueren en el Señor.' 'Sí,' dice el Espíritu, 'ellos descansarán de sus fatigosas tareas'" (Apocalipsis 14:13).

¿Cuál es tu idea de descanso? ¿Apagar la alarma en tu radio/despertador/tocadiscos compacto? ¿Recostarte en el sofá frente al televisor? El jardín del

Edén provee una definición diferente de descanso,
una que incluye trabajo significativo que se disfruta,
mucha comida buena, un hermoso lugar donde vivir
y una amistad ininterrumpida con Dios, con otras
personas y con los animales. Sin embargo, aun en
el pacífico jardín del Edén, hubo un día apartado
para el descanso especial y la adoración. (Puedes leer
acerca de esto en Génesis 2:3.) Esto nos dice que
aunque el trabajo va a ser agradable en la Nueva Tierra, tendremos tiempos regulares de descanso.

Si nuestras vidas en la Nueva Tierra serán
tan descansadas, ¿necesitaremos dormir? Algunas
personas argumentan que no se necesitará dormir
porque tendremos cuerpos perfectos. Pero el mismo
argumento se aplicaría a comer —y sin embargo
comeremos. Adán y Eva fueron creados perfectos,
pero ¿durmieron? Es probable que sí. Dios nos hizo
para que necesitáramos y disfrutáramos del sueño.

La Biblia no contesta esta pregunta en forma
directa, así que yo estoy suponiéndolo. Pero dormir
es uno de los grandes placeres de la vida de una
persona. Es parte del plan perfecto de Dios para los
seres humanos que tienen cuerpos que viven en la
Tierra. (Las pesadillas no lo son, así que no tenemos que tener miedo de tenerlas.) Si comeremos,

caminaremos, serviremos, trabajaremos, reiremos y jugaremos en el Cielo, ¿por qué no habríamos de dormir?

¿Tendrá cada uno de nosotros su propio lugar donde vivir?

¿Tienes tu propio dormitorio? Si compartes un dormitorio con tu hermano o tu hermana, tal vez casi no puedas esperar el día en que tendrás tu propio cuarto. Muchos cristianos cuentan con tener su propio lugar en el Cielo.

Jesús dijo: "En la casa de mi Padre muchas moradas hay . . . voy, pues, a preparar lugar para vosotros" (Juan 14:2, RV95). *Lugar* es singular, pero la palabra *moradas* es plural. Esto sugiere que lo que Jesús tiene en mente para nosotros es un lugar individual que es una parte pequeña de un lugar más grande. Este lugar será el hogar más especial que jamás hayamos tenido.

El término *morada* es acogedor y privado. El término *casa* sugiere un espacio grande compartido con otras personas. Eso es el Cielo: un lugar tanto enorme como privado. A algunos de nosotros nos gustan los lugares acogedores, estar solos en un espacio donde hay quietud. Otros disfrutan de los espacios grandes y muy abiertos. La mayoría de nosotros disfruta los dos y la Nueva Tierra ofrecerá ambos.

No es probable que en el Cielo todas las casas se vean iguales. A Dios le gusta la creatividad, ¿no es verdad? Mira a tu alrededor y verás lo que quiero decir. Él hace cosas especiales para cada uno de sus hijos que ama. Cuando veamos los lugares particulares que él ha preparado para nosotros, mi lugar será apropiado para mí y tu lugar será apropiado para ti. Estaremos cómodos y completamente felices, porque ¡habremos llegado a nuestro hogar!

Si te sientes cómodo en tu casa ahora, sólo espera hasta que vivas en el lugar que Jesús está preparando para ti en la Nueva Tierra.

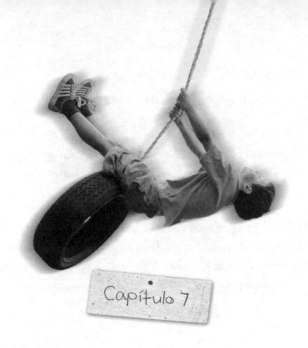

Capítulo 7

¿CON QUIÉNES PASAREMOS TIEMPO EN EL CIELO?

Hermanos, no queremos que ignoren lo que va a pasar con los que
ya han muerto, para que no se entristezcan como esos otros que no
tienen esperanza.... Los muertos en Cristo resucitarán primero.
Luego los que estemos vivos, los que hayamos quedado, seremos
arrebatados junto con ellos en las nubes para encontrarnos con
el Señor en el aire. Y así estaremos con el Señor para siempre.
Por lo tanto, anímense unos a otros con estas palabras.

1 Tesalonicenses 4:13, 16-18

*"Bienvenidos, en nombre del León. Vengan
más arriba y más adentro."*

*Entonces Tirian vio al Rey Pedro y al Rey Edmundo y
a la Reina Lucía precipitarse hacia delante y arrodillarse
y saludar al ratón, gritando: ";Rípichip!" . . .*

*Todos . . . parecían estar allí. . . . El Renacuajo de Pantano,
Barroquejón. . . . El Enano Trumpkin. . . . Los dos buenos
Castores y Tumnus el Fauno. Y hubo un alboroto de saludos
y besos y darse la mano y recordar viejos chistes.*

C. S. Lewis, *La Última Batalla*

¿Pasaremos todo el tiempo con Jesús, o también tendremos otros amigos?

¿Quiénes son las personas con las cuales pasas más tiempo? Algunas personas se sienten culpables porque quieren pasar más tiempo con sus amigos que con Dios. (Esto es porque no saben mucho acerca de Dios y lo maravilloso que es pasar el tiempo con él.) Si alguna vez te has sentido de esa forma, hay buenas noticias: Cuando en realidad llegues a conocer a Jesús, ¡te darás cuenta de que él es tu mejor amigo!

Pero Jesús quiere que también tengas otros amigos. Él valora la amistad y nos hizo a todos con el deseo de relacionarnos con otras personas. Esto

comenzó allá atrás en el Génesis cuando Dios dijo:
"No es bueno que el hombre esté solo" (Génesis
2:18). La Biblia también dice: "Mejores son dos que
uno, pues reciben mejor paga por su trabajo" (Eclesiastés 4:9, RV95). Así que Dios entiende nuestra
necesidad de tener amigos y nuestro deseo de que
esas amistades continúen en el Cielo. ¡Él es quien
nos hizo de esa manera! En el Cielo también podremos tener nuestros mismos viejos amigos —todos
los que conocen a Jesús— así como muchos amigos
nuevos. A mil años de ahora, es posible que todavía
estés haciendo nuevos amigos. Y debido a que tendrás
tiempo suficiente y el dinero no te impedirá viajar, no
vas a tener que dejar viejos amigos para hacer nuevos
amigos.

¿Ha muerto alguna persona cercana a ti?
¿Anhelas estar con esa persona en el Cielo? Fíjate
en las maravillosas palabras de 1 Tesalonicenses 4 al
principio de este capítulo. Dios dice que cuando los
cristianos sufren por la muerte de alguien, es diferente al sufrimiento de otras personas. ¿Por qué?
Porque sabemos que en el Cielo estaremos otra vez
junto a los que amamos. Estaremos con Dios para
siempre, y estaremos para siempre los unos con los
otros.

Cuando muere un ser querido que conoce a
Jesús, por supuesto que es muy difícil para nosotros.
Jesús lo entiende —él mismo lloró cuando murió
Lázaro, y él sabía que María y Marta estaban muy
tristes (Juan 11:35).

Sin embargo, deberíamos recordarnos a nosotros mismos que la muerte no es el fin de nuestras
relaciones. Es sólo una interrupción. Es como si la
gente que ha muerto se hubiera ido de viaje antes
que nosotros, pero que después nos vamos a unir
a ellos. Y entonces todos vamos a estar juntos. Así
que nuestra separación de ellos no es para siempre.
Es sólo por un corto tiempo.

Cuando el rey Tirian entra al Cielo en *La
Última Batalla,* de repente siente una barba contra
su rostro y escucha una voz que no ha escuchado
desde hace muchos años: la voz de su padre. La
reunión de ellos es dulce y especial. De hecho,
la reunión en el Cielo que se nos presenta en *La
Última Batalla* continúa por largo tiempo, nom-
brando a muchos de nuestros personajes favoritos
de Narnia. ¿No anhelas reuniones como esa? Yo sí
las anhelo. Tengo muchos amigos y familiares que
están con Jesús. Y lo mejor, después de estar con
Jesús, creo que será cuando vea en el Cielo a mi

mamá y a mi papá, y a mis mejores amigos Greg y Jerry, y a muchos otros.

Cuando digo que lo mejor del Cielo será pasar tiempo con Jesús, lo digo de todo corazón. No lo digo porque es lo que se supone que crea. Es lo que en realidad *creo*. Acepté a Jesús como mi Salvador cuando estaba en la secundaria. En todos los años desde aquel momento, he llegado a conocer mejor a Jesús y a amarlo más. No hay nadie como Jesús. ¡Él es el mejor!

Mientras Jesús estaba en la Tierra, las multitudes lo seguían porque lo amaban y querían estar cerca de él. Jesús era más popular que un actor, que un músico famoso de rock, o que un gran atleta. Pero, a diferencia de esas personas, él nunca te va a desilusionar o te va a hacer sentir defraudado. Estar cerca de Jesús es lo que hará que el Cielo sea lo que es —¡el Cielo! ¿Qué podría ser mejor que eso?

Aquellos de nosotros que conocemos a Jesús como el Hijo de Dios, nuestro Salvador, no podemos sino anhelar formar parte de las maravilladas multitudes que estarán a su alrededor en el Cielo. Jesús es quien puede cambiar todo. Su nacimiento cambió la forma en que llevamos la cuenta del tiempo. Los años antes de su nacimiento se conocen como a.C.

(antes de Cristo). Aún más importante, él también te puede cambiar —y ya lo ha hecho, si tú se lo has permitido. Jesús te da paz y esperanza a medida que te apartas de tus pecados y anhelas la vida que Dios ha planeado para ti en esta tierra y en la Nueva Tierra.

Mientras que Jesús siempre será nuestro mejor amigo, a Dios el Padre le deleitará vernos hacer otras buenas amistades en el Cielo. Yo soy padre y te aseguro que nada deleita más a un padre que ver que sus hijos disfrutan la compañía mutua. A Dios le encanta cuando tenemos buenos amigos ahora, y en el Cielo, él nos proveerá las mejores amistades que jamás hayamos tenido.

¿Habrá familias en el Cielo?

¿Cuántas personas hay en tu familia? ¿Qué es lo que te gusta en cuanto a ser parte de tu familia? Piensa: cada miembro de tu familia que conoce a Jesús será parte de tu familia para siempre. (Eso es si *tú* conoces a Jesús. ¿Lo conoces?) Este es un gran consuelo para todos nosotros a quienes se nos han muerto uno o más miembros de la familia.

En el Cielo no faltarán las familias. De hecho, todos vamos a ser parte de una *gran* familia. Tendremos relaciones familiares con las personas que estuvieron relacionadas con nosotros en la Tierra (la tía Clara; el primo Esdras). Pero también tendremos relaciones familiares con amigos, tanto viejos amigos como nuevos. Nuestras relaciones con ellos serán buenas y no amargas o tristes.

Tal vez tu familia no es perfecta. Si estar con miembros de tu familia para siempre no te suena muy emocionante, recuerda que en el Cielo tu familia —y tú— ¡serán perfectos!

En el Cielo nadie nos va a molestar, y nosotros no molestaremos a nadie. ¿No será fantástico eso? Los miembros de nuestra familia nunca nos herirán otra vez, a propósito o accidentalmente. Nuestras relaciones serán lo que siempre hemos querido —o deberíamos haber querido— que fueran.

Cuando alguien le dijo a Jesús que su madre y sus hermanos querían verlo, él les contestó: "Mi madre y mis hermanos son los que oyen la palabra de Dios y la ponen en práctica" (Lucas 8:21). Jesús también dijo que los que lo siguen recibirán "hermanos, hermanas, madres, hijos" (Marcos 10:30). Yo pienso en esto cada vez que conozco a un cristiano y enseguida experimentamos una relación cálida.

¿Hay algunas personas con las que no estás

emparentado que son como un hermano, hermana, tía, tío, padre o madre para ti? En el Cielo, todos seremos una gran familia feliz. Pero será mucho mejor que ahora, porque todos nuestros amigos también serán miembros de la familia y todos nuestros familiares también serán nuestros amigos.

Estaremos muy felices de estar todos juntos en nuestra familia celestial, porque lo que nos une es el amor a Dios, nuestro Padre celestial, y su amor por todos nosotros. Cada vez que veamos a otra persona, será como tener a un miembro favorito de la familia que nos viene a visitar.

¿Se casará la gente?

Uno de los líderes religiosos judíos le hizo una pregunta con trampa a Jesús acerca del matrimonio. Jesús le respondió: "En la resurrección ni se casarán ni se darán en casamiento" (Mateo 22:30, RV95).

Así que la respuesta de Jesús, que está registrada en la Biblia, dice que algunas cosas serán diferentes en la Nueva Tierra. Todos seremos parte de una gran familia, en la cual el matrimonio no existirá como existe ahora. Pero lo más importante del matrimonio es el amor especial y la amistad que un esposo y una esposa comparten el uno con el otro. Esa es una figura del maravilloso amor que Jesús y toda la gente que lo conoce compartirán en el Cielo.

Cuando Pablo habla acerca del matrimonio, lo llama "una verdad muy grande, y yo la uso para hablar de Cristo y de la iglesia" (Efesios 5:32, BLS). Jesús ha probado para siempre cuánto nos ama, más de lo que cualquier esposo ama a su esposa. Después de todo, él escogió morir en la cruz por nosotros. ¿Cómo podríamos nosotros no responder a ese amor?

Aunque Jesús dijo que la gente no se casará en el Cielo, él nunca dijo que las personas casadas dejarían de amarse el uno al otro. Recuerda que en el Cielo seremos las mismas personas (hechas mejor), con recuerdos de nuestra vida en la Tierra y de las cosas que disfrutamos con otras personas. Así que los que han tenido tiempos muy buenos y han enfrentado grandes dificultades juntos en esta vida naturalmente tendrán relaciones más cercanas en el Cielo.

Mi esposa, Nanci, es mi mejor amiga. Las personas que tienen buenos matrimonios por lo general son buenos amigos. No hay razón para no

creer que en el Cielo no continuarán siendo los
mejores amigos.

Si tus padres, tu tía o tío, o alguna otra persona
que conoces están divorciados, no te preocupes en
cuanto a si se van a llevar bien contigo o el uno con
el otro en el Cielo. Todos los que aman a Jesús van
a estar en el Cielo y todos los que están en el Cielo
se van a llevar bien con todos los demás. Las pare-
jas tendrán amistades más profundas con algunas
personas que con otras, pero no va a haber ninguna
persona que no nos guste. Nadie se va a sentir
dejado de lado. Esa clase de problemas ya no va a
existir más cuando nos reunamos con Jesús en el
Cielo.

Si algunas personas que amamos van al Infierno, ¿nos sentiremos tristes en el Cielo?

Has escuchado alguna vez a alguien preguntar lo
siguiente: "Si Dios es bueno, ¿por qué algunas personas van al Infierno?" La respuesta es que somos
pecadores y que Dios es santo. ¿Recuerdas lo que
te dije en el capítulo seis acerca del libre albedrío?
¿Y cómo murió Jesús para que nadie tenga que ir
al Infierno? En cambio, la gente puede ir al Cielo

para siempre si confiesan sus pecados y confían en Jesús para que los salve. Pero, es triste decirlo, algunas personas *han* muerto sin haber escogido seguir a Jesús. Cuando alguien rechaza o rehúsa seguir a Jesús, el Hijo de Dios, esa persona también rechaza a Dios el Padre (Juan 5:23; 15:23) y, puesto que el Cielo es donde vive Dios, rechazar al Dios verdadero es rechazar el Cielo.

Algunas de las personas que conoces tal vez elijan no creer en Dios u obedecer sus enseñanzas. Aunque Dios no quiere que nadie haga eso, él no fuerza a nadie a que lo siga. Y puesto que el Cielo (que se convertirá en la Nueva Tierra en el futuro) es el lugar donde vive Dios, será el hogar sólo de aquellos que quieran estar allí con él.

En el Cielo tendremos mejor entendimiento de que Dios es un juez muy justo. Sabremos que todo lo que él hace es totalmente justo. (Podemos confiar en él aun ahora, antes de que comprendamos todas las cosas, creyendo que él siempre hará lo que es justo.) Algún día veremos claramente que Dios les dio a todas las personas una oportunidad de que lo conocieran (Romanos 1:18–2:16).

También entenderemos la verdad revelada en 2 Pedro 3:9 (RV95): "El Señor no retarda su promesa, según algunos la tienen por tardanza, sino que es paciente para con nosotros, no queriendo que ninguno perezca, sino que todos procedan al arrepentimiento."

Nos maravillaremos de la paciencia que Dios les ha mostrado a todos. Nos sorprenderá la cantidad de tiempo que Dios le dio la oportunidad a la gente para que lo siguiera.

Nadie merece el Cielo. Sin embargo, Dios nos ama tanto que envió a su único Hijo, Jesús, a morir en la cruz para que cada uno de nosotros tuviera la oportunidad de ir al Cielo (Juan 3:16).

Entre tanto, podemos y deberíamos orar pidiendo que nuestros familiares y amigos elijan seguir a Jesús y aceptar el regalo de Dios de un hogar con él en el Cielo.

Un año después de que yo acepté a Jesús como mi Salvador, mi madre también lo aceptó. Pero por muchos años mi padre no conoció a Jesús. Él no lo aceptó hasta la edad de ochenta y cuatro años. Yo me sentí triste por él por muchos años y entonces cuando él comenzó a seguir a Cristo, ¡yo estaba tan feliz que podría haber gritado!

Pero tengo amigos cuyos seres queridos murieron sin Jesús. A veces es muy difícil para ellos, pero Dios los consuela. Y tal vez, antes de que esos familiares murieran, es posible que algunos se hayan vuelto a Jesús. De la misma manera que Jesús salvó al ladrón en la cruz justo antes que este muriera, prometiéndole el paraíso (el Cielo), él puede salvar a todos los que, en el último momento antes de morir, se vuelven a él.

Y sabemos esto con toda seguridad: que cualquier dolor que tengamos ahora desaparecerá para siempre en la Nueva Tierra, de la misma forma en que la oscuridad desaparece cuando se enciende la luz. La Biblia promete: "Enjugará Dios toda lágrima de los ojos de ellos; y ya no habrá . . . más llanto ni clamor ni dolor" (Apocalipsis 21:4, RV95).

Esta es la promesa de Dios y tú puedes contar con ella.

¿Se convertirán nuestros enemigos en nuestros amigos?

¿Alguna vez has tenido amigos en un año de la escuela que se han convertido en tus enemigos en otro año? Tal vez no hayas entendido por qué ya no eran tus amigos, o por qué parecía que sus nuevos amigos les gustaban más que tú.

Si has aceptado a Jesús, tal vez te preguntes

cómo puedes amar a tus enemigos como nos dice
Jesús que hagamos en Mateo 5:44. Pero Dios nos
da el poder de amar aun a aquellos que nos hieren.

Déjame contarte una historia sobre lo que
quiero decir. ¿Has escuchado alguna vez hablar
de Corrie ten Boom? Durante la Segunda Guerra
Mundial, ella y su familia mantuvieron a salvo a
algunos judíos que los nazis perseguían, escon-
diéndolos en su casa en Holanda. (Corrie escribió
un libro acerca de su experiencia que se llama *El
Refugio Secreto* y también hay una película de hace
muchos años sobre eso.) Bien, en 1944, la familia ten Boom fue arrestada y puesta en prisión. El
padre de Corrie murió allí. Corrie y su hermana,
Betsie, más tarde fueron llevadas al campo de concentración en Ravensbrück, Alemania. Betsie, al
igual que muchos otros, murió en ese lugar.

Años más tarde, Corrie se encontró con uno de
los guardias del campo de concentración. Muchos
de los guardias de Ravensbrück habían sido muy
crueles con la gente. Pero este guardia ahora había
aceptado a Jesús como Salvador. Cuando el hombre
extendió la mano para estrechar la de ella, al principio, Corrie no pudo extender su mano. Después de

todo, ese hombre había sido un enemigo. Pero Dios le dio el poder de perdonarlo y de darle la mano.

En el Cielo, Dios nos va a compensar por las cosas tristes que pasaron en el Tierra. Puesto que nadie tendrá deseos de herir a nadie, todos vamos a ser amigos. Eso quiere decir que seremos amigos aun de aquellos que no fueron nuestros amigos en la Tierra.

Ya lo dije antes, pero ahora lo voy a repetir un poco diferente, porque muchos muchachos y muchachas se hacen preguntas al respecto. Seguiremos pasando más tiempo con algunas personas que con otras. Pero no habrá nadie en el Cielo que nos odie o a quien no le gustemos. No te preocupes, porque nunca nos sentiremos incómodos alrededor de ninguna persona con la que nos encontremos en la Nueva Tierra.

¿Tendremos la misma raza o la misma herencia cultural que tenemos ahora?

Dios siempre ha sido un Dios de variedad. Él creó a gente de todas las razas. Como dijo una vez Pedro: "Ahora comprendo que en realidad para Dios no hay favoritismos, sino que en toda nación él ve con

agrado a los que le temen y actúan con justicia"
(Hechos 10:34-35).

En el libro del Apocalipsis, Juan vio un enorme
grupo de gente de "toda raza, lengua, pueblo y
nación" (Apocalipsis 5:9).

Puesto que tú serás la misma persona que eres
ahora, eso quiere decir que tendrás la misma raza y
herencia cultural. Por ejemplo, si ahora eres sueco,
serás sueco entonces. Si tus padres, abuelos o ante-
pasados de hace mucho tiempo eran de México,
China o Sudán, tú todavía tendrás esa herencia
nacional en tu cuerpo de resurrección.

¿Cómo sabemos esto? Bueno, Jesús fue judío,
¿no es verdad? La Biblia nos dice que como descendiente de la familia de David, él tiene el derecho
de gobernar la tierra desde Jerusalén. Esto quiere
decir que en su cuerpo de resurrección, él todavía es
descendiente de David; todavía es un micmbro de
la raza judía. Puesto que nuestros nuevos cuerpos
se relacionarán con nuestros viejos cuerpos, al igual
que el nuevo cuerpo de Jesús se relacionaba con su
viejo cuerpo, entonces sabemos que nosotros también continuaremos siendo de la misma raza que
somos ahora.

Lo que es muy bueno acerca del Cielo es que

todos estaremos contentos con las diferencias de los demás y no molestos por ellas. No va a haber prejuicio racial en el Cielo. A ninguna persona le disgustará otra persona que sea de otra parte del mundo, o porque su color de cabello o de piel sea diferente.

Por supuesto que Dios no quiere que esperemos hasta llegar al Cielo para que esto sea así. Su deseo es que amemos a las personas de todas las razas ahora. Dios creó a todas las personas. Si nos detenemos a pensar en esto, nos daremos cuenta de que la raza humana es más hermosa porque somos diferentes en apariencia y formación. Y recuerda que todos los seres humanos vienen de Adán y Eva, así que ¡de todas formas *todos* estamos emparentados!

La Biblia nos dice que en la Nueva Tierra habrá naciones con sus propios líderes. Al hablar de la Nueva Jerusalén, Dios dice: "Las naciones caminarán a la luz de la ciudad, y los reyes de la tierra le entregarán sus espléndidas riquezas. Sus puertas estarán abiertas todo el día. . . . Y llevarán a ella todas las riquezas y el honor de las naciones" (Apocalipsis 21:24-26).

Los "hombres sabios," reyes de naciones

extranjeras, una vez fueron a Jerusalén para adorar al recién nacido Mesías, el Rey Jesús. En la Nueva Tierra, un gran número de "hombres sabios" viajarán a la Nueva Jerusalén. Nos arrodillaremos humildemente delante del Rey Jesús, sentado en su trono, y lo adoraremos. Le ofreceremos los tesoros de nuestras naciones y él estará muy contento de recibirlos. El Rey con alegría entregará el gobierno de estas naciones a aquellos que lo han servido con fidelidad en esta vida.

Dios nos recompensará con posiciones de liderazgo de acuerdo a la fidelidad con que lo hemos servido aquí y ahora. ¿Le has preguntado a Jesús hace poco cómo lo puedes servir a medida que ayudas fielmente a las personas que forman parte de tu vida? ¿Tu familia? ¿Tus amigos? ¿Tus vecinos? ¿Los miembros de tu equipo? ¿Tus maestros? ¿La gente de tu iglesia?

¿Hablaremos un solo idioma o más de uno?

¿Cuantos idiomas hablas tú? Muchas personas se preguntan si habrá solamente un idioma en el Cielo —un idioma que todos hablaremos y entenderemos. Bueno, en el libro del Apocalipsis encontramos esto: "Gritaban a gran voz" (Apocalipsis 7:10). Esta "voz" única, no voces, sugiere que probablemente estaban hablando el mismo idioma.

¿Recuerdas la historia de la torre de Babel que se menciona en Génesis? (Fíjate en Génesis 11.) En aquel tiempo la gente hablaba sólo un idioma y decidieron construir una ciudad con una torre. Lo que pensaron fue: "De ese modo nos haremos famosos y evitaremos ser dispersados por toda la tierra" (Génesis 11:4). Pero debido a su orgullo, Dios hizo que hablaran en idiomas diferentes. Como resultado, se dispersaron y formaron sus propias naciones.

Bueno, tal vez te preguntes cuál fue el propósito de esto. ¿Por qué querría Dios que se dispersaran? Pues, Dios a veces actúa de formas que nos impiden hacer cosas tontas. Él sabía que las personas que estaban construyendo la torre querían permanecer juntas —pero eso no era para adorarlo. El convertirse en un grupo poderoso finalmente los habría llevado a su propia destrucción.

Sin embargo, algún día Dios hará lo que no pudieron hacer los que estaban construyendo la torre. Él construirá una ciudad para su pueblo, y hará que todas las personas que vivan en esa ciudad estén juntas.

¿Qué fue lo que no pudieron hacer los constructores de la torre? En Génesis 11, con su ciudad, la gente intentó conectar la Tierra con el Cielo, haciendo que el Cielo y la Tierra fueran uno. ¿Qué puede hacer Dios y qué es lo que hará? En Apocalipsis 21 se nos muestra que Dios traerá el Cielo a la Tierra, haciendo que la Tierra sea una con el Cielo.

Es probable que Dios nos restaure un idioma común para todos (tal vez el mismo idioma que se hablaba en el jardín del Edén, el cual parece haber existido hasta la época de Babel). ¿Por qué? Para hacer que la comunicación sea fácil y no frustrante.

Dios sabía que en el tiempo de Babel, un solo idioma común hubiera hecho posible que la gente hiciera cualquier cosa que quisieran hacer (Génesis 11:6). Debido a que sus corazones eran malvados, eso era algo malo. En el Cielo, sin embargo, los corazones de todas las personas estarán llenos de la bondad de Dios. Así que sólo querremos hacer lo que es bueno para la gloria de Dios y para nuestro propio bien. Dios ya no necesitará protegernos de nosotros mismos. Nunca nos uniremos a otras personas para maltratar o destruir a nuestros semejantes; solamente serviremos a otros de alguna forma.

Creo que es probable que también hablemos nuestros idiomas actuales. En *El Señor de los Anillos,* la gente de la Tierra Media tenía un idioma común además del idioma que era original para su grupo de personas. Eso también ocurre en muchos lugares del mundo, incluyendo Kenya, donde diferentes tribus tienen sus propios idiomas, pero cuando hablan con personas de otras tribus, se comunican usando su "lenguaje comercial," que es el suahili. Esto te da una idea de lo que podrían ser los idiomas en el Cielo.

Puesto que seremos más inteligentes, aprender nuevos idiomas será fácil y agradable. ¿Quién sabe? Tal vez podamos hablar docenas de idiomas, o aun cientos, para poder comunicarnos con todos nuestros nuevos amigos en el Cielo. ¿No crees que eso sería muy emocionante?

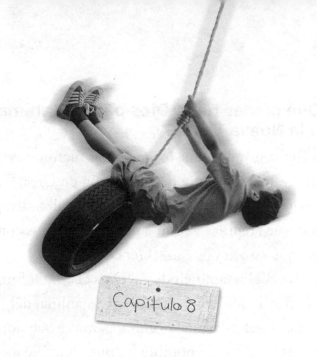

¿VIVIRÁN LOS ANIMALES EN LA NUEVA TIERRA?

A todo lo creado que está en el cielo, sobre la tierra, debajo de la tierra y en el mar, y a todas las cosas que hay en ellos, oí decir: "Al que está sentado en el trono y al Cordero, sea la alabanza, la honra, la gloria y el poder, por los siglos de los siglos."

APOCALIPSIS 5:13 (RV95)

"Criaturas, les doy su propio ser," dijo la voz fuerte y alegre de Aslan. "Les doy para siempre esta tierra de Narnia. Les doy los bosques, las frutas, los ríos. Les doy las estrellas y les doy a mí mismo. También las Bestias Mudas, a quienes no he escogido, son de ustedes. Trátenlas con ternura y quiéranlas, pero no vuelvan a adoptar sus hábitos o en castigo dejarán de ser Bestias que Hablan."

C. S. LEWIS, *El Sobrino del Mago*

¿Qué planes tiene Dios para los animales en la Nueva Tierra?

La Biblia nos dice que los animales fueron una parte muy importante de la creación de Dios: "Dios hizo los animales domésticos, los animales salvajes, y todos los reptiles, según su especie. Y Dios consideró que esto era bueno" (Génesis 1:25).

La Biblia también dice: "Dios el Señor formó de la tierra toda ave del cielo y todo animal del campo, y se los llevó al hombre para ver qué nombres les pondría. El hombre les puso nombre a todos los seres vivos" (Génesis 2:19). Solamente los seres humanos y los animales fueron formados de la tierra, lo que nos hace especiales. Pero aclaremos algo. Los animales no fueron creados a imagen de Dios y no son iguales a los seres humanos en ninguna forma. Pero Dios creó a los animales y los cuida, lo que quiere decir que nosotros también deberíamos cuidarlos.

La gente y los animales comparten algo único: Somos seres vivientes. El hecho de que Dios tiene un plan futuro para las personas y para la tierra sugiere categóricamente que él también tiene un plan para los animales.

Algunos niños que han sido mordidos o las-

timados por animales les tienen miedo, pero en la
Nueva Tierra, ningún animal será peligroso y nunca
tendremos miedo. Nos encantará estar alrededor
de los animales, como les encantaba a Adán y Eva.
Los animales eran importantes en el Edén, cuando
la tierra era perfecta. Así que probablemente serán
importantes en la Nueva Tierra, donde todo otra
vez será perfecto.

¿Te acuerdas de Elías? Él fue llevado al cielo
en un carro tirado por caballos (2 Reyes 2:11). Se
nos dice que hay caballos en el Cielo (Apocalipsis
6:2-8). En realidad, hay suficientes caballos para
que los monten todos los que forman parte de los
enormes ejércitos del Cielo (Apocalipsis 19:14).
También hay ejércitos de ángeles que actualmente
andan a caballo en la Tierra, aunque para nosotros
sean invisibles (2 Reyes 6:17).

No se mencionan otros animales en Apocalipsis, probablemente porque no desempeñan un papel
en la segunda venida de Cristo. (El ejército que
viene a salvar al pueblo de Dios anda a caballo y no
en ardillas, en osos hormigueros ni en conejillos de
Indias.) ¿Pero no sería posible que puesto que hay
tantos caballos en el Cielo, también pudiera haber
toda clase de otros animales? *¿Por qué no?* ¿Por qué

deberíamos esperar que los caballos fueran los únicos animales en el Cielo?

Algunas personas piensan que los caballos en el Cielo presente son sólo una figura terrenal de algo totalmente diferente. Sin embargo, aun esas personas tienen que admitir que una Nueva Tierra no estaría completa sin animales. Puesto que sabemos que las personas resucitadas con cuerpos reales vivirán en una tierra real con árboles, montañas y ríos, no hay razón para que no haya también animales reales. En un pasaje que habla de la Nueva Tierra, Dios dice que algunos animales —lobo, cordero y león, entre otros— se acostarán juntos (Isaías 65:25). Mientras que algunas personas piensan que esto se refiere sólo a un reino temporal que durará mil años, yo creo que también se refiere a la Nueva Tierra eterna.

Jesús proclama desde su trono en la Nueva Tierra: "¡Yo hago nuevas todas las cosas!" (Apocalipsis 21:5). Jesús está hablando de hacer nuevas las *cosas viejas,* más que de hacer *cosas nuevas* (eso no quiere decir que *no pudiera* hacer cosas nuevas). Parece que está diciendo: "Tomaré todo lo que hice la primera vez, incluyendo a la gente, la naturaleza, los animales y la tierra misma, y los traeré de nuevo de una manera que es nueva, vigorosa y que no se podrá destruir." Yo creo que esto sugiere que Dios puede rehacer algunos de los animales que vivieron en la primera Tierra, lo cual me lleva a la próxima pregunta. . . .

¿Veremos de nuevo a nuestras mascotas en la Nueva Tierra?

Las mascotas son grandiosas, ¿no es verdad? A menudo yo le he dado gracias a Dios por Champ, mi perro cobrador dorado que tuve durante los años de mi crecimiento. Tengo muchos buenos recuerdos de cuando corría, jugaba y pasaba tiempo con Champ. En especial recuerdo las veces en que se metía dentro de mi bolsa de dormir mientras yo estaba acostado en el patio de atrás mirando las estrellas.

Tal vez a ti te gustan mucho los animales. Si es así, eso es bueno. Si alguna vez has tenido una mascota que ha muerto (o varias, o tal vez muchas, como treinta y siete jerbos), tal vez te preguntes si alguna vez los vas a ver de nuevo.

Dios, quien creó a los animales, ha tocado la vida de muchas personas por medio de ellos. Sería muy simple para él re-crear una mascota en el

Cielo, si lo quiere hacer. Él es el *dador* de todas las cosas buenas, no el *que quita* las cosas buenas.

A Dios le encanta darles cosas buenas a sus hijos (Mateo 7:9-11). Así que si a ti te agradara tener una o más mascotas contigo en la Nueva Tierra, esa podría ser una razón lo suficientemente buena como para que Dios hiciera que así fuera.

¿No estás contento de haber tenido dos hámsters, un conejo, una gata de tres colores, y un perro labrador de color café? Tal vez eso quiera decir que en la Nueva Tierra también vas a tener mascotas. O si tu familia no pudo tener una mascota, tal vez el Cielo sea el lugar donde tendrás una mascota por primera vez y todos tus amigos compartirán generosamente sus mascotas contigo.

El pasaje más importante sobre este asunto tal vez sea Romanos 8:18-22. (Lo puedes leer en tu Biblia.) Dice que toda la creación sufre debido al pecado de la humanidad y que anhela la liberación que vendrá con nuestra resurrección. Es como si todo lo que tenemos a nuestro alrededor estuviera gimiendo para ser liberado del sufrimiento. Pero hay buenas noticias, porque nada en la creación se va a pudrir o morir después de que Dios nos resucite de los muertos. Y aparentemente, nuestra resurrección será el medio por el cual toda la creación será restaurada a su primera gloria y aún más allá de ella.

Yo creo que hay buenas razones para creer que "toda la creación" que anhela liberación incluye a los animales. En la época en que los hijos de Dios sean resucitados de la muerte, la creación experimentará lo que anhela. Será "libertada de la esclavitud de corrupción" (Romanos 8:21, RV95).

Romanos 8 sugiere que algunos de los animales que vivieron, sufrieron y murieron en esta primera Tierra serán *los mismos* restaurados para vivir en el reino eterno de Dios que vendrá. Ellos sufrieron debido a nuestro pecado, así que sus cuerpos serán liberados para recibir cuerpos nuevos. Entonces vivirán en un mundo en el cual nunca se herirán los unos a los otros, ni herirán a las personas, ni serán heridos por nadie.

Así que, esta es la pregunta: Si algunos animales en esta primera Tierra van a experimentar la vida sin sufrimiento en la Nueva Tierra, ¿no sería probable que algunos de esos animales fueran nuestras mascotas?

A mí me parece que Dios podría hacer una

de tres cosas en la Nueva Tierra: (1) crear animales completamente nuevos; (2) traer de vuelta a los animales que han sufrido en nuestro mundo presente, dándoles nuevos cuerpos que durarán eternamente; (3) crear algunos animales nuevos *y* traer a la vida a algunos de los que teníamos antes. Sólo Dios sabe lo que planea hacer. Pero Romanos 8 me lleva a creer que es probable que en la Nueva Tierra vivamos otra vez con algunas de las mascotas que hemos amado.

¿Vivirán en la Nueva Tierra los animales que ahora están extintos?

¿Has deseado alguna vez poder ver a un dinosaurio? ¿Qué clase te gustaría más ver? ¿El branquiosaurio? ¿El tiranosaurio rex? Como parte de su Tierra original perfecta, Dios creó las plantas y los animales, incluyendo los que ahora están extintos. Yo creo que los animales y las plantas extintas serán traídos de vuelta a la vida. Al resucitar a su creación original, Dios podría mostrar una victoria completa sobre el pecado y la muerte. Fue después de que las primeras personas pecaron que la maldición cayó sobre la tierra, finalmente causando que especies completas de animales y de plantas se extinguieran.

Pero recuerda que Dios promete: "Y no habrá más maldición" (Apocalipsis 22:3, RV95).

Romanos nos dice: "Porque desde la creación del mundo las cualidades invisibles de Dios, es decir, su eterno poder y su naturaleza divina, se percibieron claramente a través de lo que él creó" (Romanos 1:20). Los animales fueron creados para la gloria de Dios *y* para mostrarnos cómo es Dios. ¿Quién podría hablar más del asombroso poder de Dios que un tiranosaurio?

Cuando le habló a Job, Dios señaló que podemos ver su grandeza en las gigantescas criaturas de la tierra y del mar (Job 40–41). ¿Por qué no podría toda la gente disfrutar de esas grandes maravillas de Dios en la Nueva Tierra?

Si viste la película *Parque Jurásico* (*Jurassic Park* en latinoamérica), imagínate la maravillosa majestad de esas enormes criaturas pero sin el temor de que te aplaste o de que te coma una de ellas. Imagínate a ti mismo montado en un apatosaurio o volando en la espalda de un terodáctilo. Dios creó a esos animales y fueron parte de lo que él llamó "muy bueno." Así que ¿por qué no deberíamos esperar que Dios los incluyera cuando haga nuevas todas las cosas?

¿Será posible que algunos animales hablen?

¿Has leído las historias de Beatrix Potter acerca de Peter Rabbit, Mr. Jeremy Fisher y otros animales amigos? ¿Y qué me dices de *Viento en los Sauces* por Kenneth Grahame, o Las Crónicas de Narnia por C. S. Lewis? Si te gustan algunas de esas historias, te apuesto a que quisieras que los animales en realidad pudieran hablar. (Está bien, lo puedes admitir.)

Por lo menos un animal habló en el huerto del Edén y fue la serpiente, quien resultó ser Satanás. Se nos dice que "la serpiente era más astuta que todos los animales del campo que Dios el Señor había hecho" (Génesis 3:1). Esto quiere decir que otros animales también eran astutos. Fíjate que Eva no dijo: "¡Oh, Adán, ¡una *serpiente* acaba de hablarme!" Ella no pareció sorprendida de que una serpiente pudiera hablar. Así que es posible que otros animales, por lo menos algunos de los astutos, también pudieran hablar.

Los animales, como Dios los creó original- mente, eran inteligentes; tal vez más inteligentes de lo que nos imaginamos. Los animales más inteli- gentes que vemos a nuestro alrededor no se pueden comparar con la forma en que eran los animales antes del pecado. ¿Por qué? Porque las decisiones equivocadas que tomaron Adán y Eva afectaron a toda la creación. Si las personas van a ser más inteligentes y a tener más habilidades en la Nueva Tierra, ¿nos debería sorprender que los animales también pudieran ser más inteligentes y pudieran tener más habilidades allí?

¡Qué emocionante será descubrir por nosotros mismos algún día las cosas increíbles que Dios ha planeado para la Nueva Tierra! Tal vez le quieras dar gracias ahora mismo por cualesquiera que sean los planes que él tiene para su reino animal.

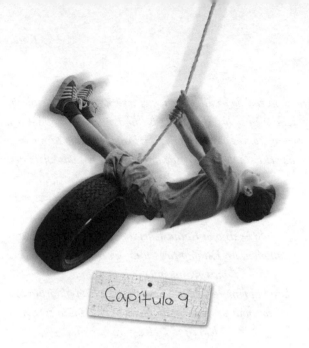

¿QUÉ HAREMOS EN EL CIELO?

Dichosos los que de ahora en adelante mueren en el Señor. . . .
Descansarán de sus fatigosas tareas, pues sus obras los acompañan.
. . . El trono de Dios y del Cordero estará en la ciudad.
Sus siervos lo adorarán.

APOCALIPSIS 14:13; 22:3

Allí estaba el cielo azul encima, y el terreno cubierto de hierba que se
extendía en todas direcciones hasta donde alcanzaba a ver. . . .
—Entonces parece —dijo Tirian, sonriendo también—,
que el Establo visto desde adentro y el Establo visto desde
afuera son dos lugares diferentes.
—Sí —asintió el señor Dígory—. Su interior es más
grande que su exterior.
—Sí —dijo la Reina Lucía—. En nuestro mundo
también, un Establo tuvo una vez algo dentro que era
más grande que todo el mundo.
Era la primera vez que hablaba. . . . Ella absorbía todo
con más profundidad que los otros. Había estado
demasiado feliz para hablar.

C. S. Lewis, *La Última Batalla*

¿Será aburrido el Cielo?

Mucha gente cree que el Cielo será un lugar super-
aburrido. Es una lástima, pero algunos creyentes
también sienten de esa forma.

A veces, la gente se burla del Cielo. Dicen:
"Preferiría pasar un tiempo divertido en el Infierno
que aburrirme en el Cielo." Algunos se imaginan
que el Infierno es un lugar en el que van a pasar el
tiempo con otras personas, jugar al billar y bromear
con los amigos (como en la película *Pinocho* de
Disney). Eso está *totalmente* equivocado. Tú puedes
pasar el tiempo con tus amigos y jugar con ellos

en el *Cielo*, pero no en el Infierno. (Recuerda que Satanás es un mentiroso y algunas de sus mentiras favoritas son acerca del Cielo y del Infierno.)

El hecho es que el Infierno es un lugar en el que todos se van a sentir solos y desdichados, donde no existirán ni las amistades ni los buenos tiempos. El Infierno va a ser completamente aburrido. Todo lo bueno, lo que se puede disfrutar, lo que es fascinante y emocionante viene de Dios. Y sin Dios —y todas las cosas buenas que vienen de él— no hay nada interesante que hacer. El rey David escribió: "Me has dado a conocer la senda de la vida; me llenarás de alegría en tu presencia, y de dicha eterna a tu derecha" (Salmo 16:11). Al igual que sin Dios *no* hay gozo, en la presencia de Dios no hay otra cosa *sino* gozo.

"¿No será aburrido ser bueno todo el tiempo?" preguntó alguien. Este hombre creía que ser malo es emocionante y que ser bueno es aburrido. Pero eso es una absoluta mentira. (No tragues esa mentira, ¿de acuerdo?) Hacer cosas malas no hace que la vida sea interesante; hace que la vida sea complicada. El pecado no crea aventuras; crea vacío. Creo que a estas alturas tal vez sepas que mi serie favorita de libros es Las Crónicas de Narnia. Si no has leído esos libros, te aliento a que los leas. Aslan, el león, es el rey de Narnia, que es una tierra imaginaria, de la misma forma que Jesús es el Rey de reyes en el reino real del Cielo. Así que aquí va mi pregunta: ¿Te puedes imaginar a *Aslan* siendo aburrido? ¿Te puedes imaginar a alguien que esté pasando el tiempo con Aslan y que no esté totalmente *emocionado* de estar con él?

Las historias nos dicen que Aslan "es peligroso." Él no está bajo el control de nadie. Al igual que Aslan, el verdadero Jesús es creativo, fascinante y *no es aburrido*. Puedes estar seguro de que siempre te estarás preguntando qué otras cosas tiene preparadas para nosotros. Como nuestro líder para siempre, él tiene planes que nos van a maravillar. Yo creo que el Cielo va a estar lleno de grandes sorpresas y nuevas aventuras, a medida que aprendamos más acerca de Dios y disfrutemos sus maravillas en un universo nuevo.

Puesto que el Cielo es el hogar de Dios, creado por él, será maravilloso, reconfortante e interesante, igual como lo es Dios. Una vez que estemos en el Cielo pensaremos que fuimos bastante tontos por no haberlo anhelado más de lo que lo hicimos. Y sabremos sin ninguna duda que no hay ningún otro lugar en el que quisiéramos estar que con nuestro Creador, Dios, quien es poderoso pero que también nos ama y que realmente quiere que estemos allí con él.

¿Tendremos que trabajar en el Cielo?

Mucha gente cree que el Cielo es un lugar lleno de hamacas —una para que cada persona se acueste en ella y descanse, descanse, descanse. ¿Te has sentido alguna vez como que quieres eso?

La verdad es que aunque descansaremos, también *trabajaremos* en el Cielo. Pero piensa en esto: No tendrás el sentimiento de "ay, ¿lo tengo que hacer?" que tal vez tengas ahora cuando se espera que hagas una tarea.

Cuando Adán y Eva, los primeros seres humanos, desobedecieron la ley de Dios, el trabajo se hizo difícil. Dios le dijo a Adán: "¡Maldita será la tierra por tu culpa! Con penosos trabajos comerás de ella todos los días de tu vida. La tierra te producirá cardos y espinas, y comerás hierbas silvestres" (Génesis 3:17-18).

En la Nueva Tierra, no *tendremos* que trabajar, *querremos* trabajar. El trabajo que hagamos será

divertido. Asimismo, cuando sea tiempo de descansar, querremos descansar. Cuando sea tiempo
de reunirnos y de cantar alabanzas a nuestro Dios,
querremos hacer eso. Siempre podremos hacer lo
que queramos hacer y siempre querremos hacer
aquello que es tiempo de que hagamos.

Podremos hacer el trabajo que comenzaron
Adán y Eva: gobernar la tierra para la gloria de
Dios. Sabemos que esto es verdad porque lo podemos leer en la Biblia. Cuando una persona entra el
Cielo después de haber servido fielmente a Dios,
no se le ofrece la oportunidad de dejar de trabajar.
En cambio, su Señor le dice: "¡Hiciste bien, siervo
bueno y fiel! Has sido fiel en lo poco; te pondré a
cargo de mucho más. ¡Ven a compartir la felicidad
de tu señor!" (Mateo 25:23).

El trabajo en el Cielo nunca nos disgustará ni
nos parecerá una pérdida de tiempo. Piensa en la
clase de trabajo que te gusta hacer. Cuando estás
trabajando en un pasatiempo (como pintar, hacer
cosas de madera, hacer joyas, construir modelos de
algo), el trabajo no parece trabajo, ¿no es verdad?
Se nos dice que serviremos a Dios (trabajaremos
para él) en el Cielo (Apocalipsis 7:15; 22:3). Estaremos tan entusiasmados haciendo nuestro trabajo

en el Cielo, algún día, como lo estamos ahora en la Tierra cuando pasamos tiempo en nuestro deporte o pasatiempo favorito.

Jesús les dijo a sus discípulos: "Mi comida es que haga la voluntad del que me envió y que acabe su obra" (Juan 4:34, RV95). Jesús encontró gran satisfacción en su trabajo. ¡Y lo mismo sucederá con nosotros!

¿Cantaremos, bailaremos y haremos música?

¿Cuáles son tus canciones favoritas? ¿Tienes una estación radial que te encanta? La música es una parte importante de la vida —es algo que, si tuviéramos que dejar, haría infelices a muchos de nosotros.

La buena noticia es que *no* la tendremos que dejar. Habrá mucha música buena en el Cielo.

El apóstol Juan habla de trompetas y arpas en el Cielo presente (Apocalipsis 8:7-13; 15:2). Si vamos a tener instrumentos al momento de morir e ir al Cielo, parece cierto que podemos esperar encontrarlos en la Nueva Tierra después del retorno de Jesús.

La Biblia está llena de ejemplos de personas alabando a Dios con cánticos e instrumentos
musicales. En el templo, 288 personas cantaron
y tocaron diferentes instrumentos (1 Crónicas
25:1-8). El salmista instruyó a la gente para que
alabaran a Dios con trompetas, arpas, liras, pande-
ros, cuerdas, flautas y címbalos (Salmo 150). Eze-
quías, uno de los reyes de Judá durante los tiempos
del Antiguo Testamento, dijo: "En el templo del
Señor todos los días de nuestra vida cantaremos
con instrumentos de cuerda" (Isaías 38:20). Jesús
cantó con sus discípulos (Marcos 14:26) y Pablo
instruyó a los creyentes a que le cantaran al Señor
(Efesios 5:19).

Podemos esperar que algunas de las canciones
que se han escrito en esta Tierra se canten también
en la Nueva Tierra. Apocalipsis 15:2-3 describe a
personas cantando "el himno de Moisés," probablemente la canción de Éxodo 15, cuando Moisés y el
pueblo le dieron gracias a Dios por haberlos librado
del faraón y de su ejército. (Tal vez cantemos algunas de tus canciones favoritas.) Es probable que se
escriban nuevas canciones en el Cielo. ¿Escribes
canciones? Tal vez escribirás canciones allí.

No sólo cantaremos en el Cielo, sino que también danzaremos. No la clase de bailes que ponen pensamientos impuros en nuestras mentes, sino la danza que glorifica a Dios y que es mucho más divertida.

A través de las épocas, la gente ha danzado en la Tierra para la gloria de Dios (Eclesiastés 3:4; Jeremías 31:12-14). Después de que se separaron las aguas del Mar Muerto, Miriam y las mujeres de Israel danzaron y tocaron panderetas (Éxodo 15:20-21). El rey David bailó mientras alababa al Señor (2 Samuel 6:16). Cuando el hijo pródigo regresó a su hogar, la casa estaba llena de la música del baile (Lucas 15:25). ¿No deberíamos esperar bailar también en el Cielo?

Es Dios quien nos creó con la habilidad de danzar. De la misma manera que podemos ver nuestras voces y los instrumentos musicales como una manera de alabar a Dios, también podemos usar la danza para rendirle honor a él.

¿Nos reiremos?

¿Te gusta reír? Aunque no lo creas, a Dios también le gusta.

¿De dónde viene el humor? No de la gente,

ni de los ángeles ni de Satanás. Dios creó todas las cosas buenas, incluyendo el buen humor. Si Dios no tuviera sentido del humor, nosotros tampoco lo tendríamos. Es claro que él tiene sentido del humor. Piensa en los cerdos hormigueros y en los monos. Mira detenidamente a una jirafa, o a tu gato cuando persigue una pelota. Te sonríes, ¿no es verdad?

Yo creo que Jesús reirá con nosotros en el Cielo. De hecho, como por naturaleza le gusta disfrutar de las cosas, probablemente será nuestra mayor fuente de risa sin fin.

¿Estoy solamente haciendo suposiciones sobre la risa? No. Jesús dijo: "Dichosos ustedes que ahora lloran, porque luego habrán de reír" (Lucas 6:21). ¿Escuchaste? *Tú reirás.*

Jesús promete la risa como una recompensa en el Cielo. Mientras esperamos con ansias la risa que vendrá, Jesús nos dice: "Salten de gozo" (Lucas 6:23) ahora. ¿Te puedes imaginar a alguien saltando de alegría en silencio, sin reírse? Fíjate en un grupo que está disfrutando alguna clase de celebración (un cumpleaños, una graduación, una reunión familiar, un día de campo de tu iglesia). ¿Qué es lo que escuchas? Risa. Tal vez haya abrazos, juegos y relatos de historias. Pero siempre hay risa.

Cuando la vida se pone difícil, recuerda lo que Jesús prometió en cuanto a la vida en el Cielo: Te vas a reír.

¿Jugaremos?

¡Rápido! ¿Qué es lo primero que haces cuando tienes un momento libre (después de las tareas de la escuela, del hogar, etcétera)? Es probable que uses el tiempo para jugar, ¿no? Tal vez salgas de tu casa para patinar, tirar la pelota al aro de baloncesto o andar en bicicleta.

Nadie te tiene que decir que juegues tu juego favorito. Si tienes tiempo, eso es lo que haces, ¿no es verdad? ¿Le agrada eso a Dios? Mientras no sea algo deshonesto —que involucre el ocultismo o la brujería o cualquier cosa inmoral— a Dios le gusta que juguemos. Por supuesto que no podemos jugar todo el tiempo, pero Dios quiere que tengamos diversión. Después de todo, él la inventó y nos ha creado para que disfrutemos de la diversión.

Bueno, ¿adivina qué? La diversión no termina en esta Tierra presente. Tendrás tiempo para jugar en la Nueva Tierra. En realidad, todas las personas que entren al Cielo tendrán que ser como un niño pequeño que ama a Dios y que confía en él, y que le gusta divertirse (Marcos 10:14-15).

Alguien me preguntó una vez: "¿Habrá juguetes en el Cielo?" Yo creo que la respuesta es sí. Continuaremos siendo seres humanos, así que, ¿por qué no habrían de gustarnos los juguetes? Y todavía tendremos la habilidad de hacer cosas, así que, ¿por qué no hacer juguetes?

¿Te preguntas si a Dios mismo le gusta jugar? Dios dice que él ha revelado cómo es en lo que ha creado (¿Recuerdas Romanos 1:20, de cuando hablamos sobre los animales extintos?) Piensa en las cosas de la naturaleza que revelan el lado divertido de Dios: los monos, los gatitos, los perros, los caballos y muchos otros animales.

¿Has visto alguna vez a las nutrias? Yo sí. Es muy divertido. Pasan casi todo el día deslizándose, chapoteando en el agua y divirtiéndose. Ellas estaban haciendo toboganes en el agua mucho antes que los hiciera la gente. ¿Y quién fue el que puso eso en la naturaleza de las nutrias? Apuesto a que lo sabes.

Tú no crees que fueron los seres humanos los que inventaron jugar y divertirse, ¿o sí?

¿Habrá deportes?

¿Cuál es tu deporte favorito? ¿Has pensado alguna vez que quizás podrías disfrutar ese deporte de nuevo después de la resurrección, cuando vivas en la Nueva Tierra, con un cuerpo perfectamente sano?

Dios compara la vida cristiana con las competencias deportivas (1 Corintios 9:24, 27; 2 Timoteo 2:5). Los deportes y el disfrutarlos son cosas buenas. Si las personas no se hubieran vuelto pecadoras, todavía habrían inventado el béisbol, el fútbol, el fútbol norteamericano, el baloncesto y las competencias de natación y de saltos, ¿no lo crees? ¡Por supuesto que sí! Es probable que hubiera más y mejores deportes de los que existen hoy.

¿Quién nos hizo para que pudiéramos inventar deportes y jugarlos? ¿Satanás? Por supuesto que no. Satanás no creó nada y por cierto que no le gusta jugar. Dios nos creó y los deportes son sólo una forma de mostrar la forma en que nos creó.

¿Has visto alguna vez la película *Carrozas de Fuego (Chariots of Fire)*, que se estrenó en 1981? Es una de mis películas favoritas de todos los tiempos, y sí, todavía la puedes alquilar. (En realidad, ¡mucho antes de 1981 ya filmaban películas!) El héroe de esa película, el campeón olímpico Eric Liddell, de Escocia, era una persona real que entendió que glorificar a Dios es algo que se aplica a cada parte de nuestra vida, incluyendo los deportes. Ese joven creía que Dios lo había llamado a ser misionero en la China y que también lo había llamado a competir en las Olimpíadas, y un día le dijo a su hermana: "Él me hizo rápido y cuando corro siento el placer de Dios. . . . Dejar de correr sería desagradar a Dios." En otras palabras, Eric sentía que no le mostraría respeto a Dios si no usaba las habilidades para correr que Dios le había dado.

En un campeonato de tenis, una vez jugué un partido que duró cinco horas, en el que cada uno de los sets terminó en empate. Yo me sentía extenuado; perdí dos uñas de los dedos del pie y por dos semanas caminé rengueando. Pero, ¿lamenté un solo minuto de ese partido de cinco horas? ¡En absoluto! Hay gozo cuando te esfuerzas al máximo compitiendo en un evento deportivo, ¿no es verdad? Esas cinco horas comenzaron una amistad con el competidor contra el cual jugué. ¡Qué gratos recuerdos tenemos los dos de ese partido! Y Dios, quien creó mi mente y mi cuerpo, estuvo allí mismo conmigo todo el tiempo.

¿Qué clase de nuevas actividades deportivas

es posible que juguemos en la Nueva Tierra? Las posibilidades no tienen fin. Tal vez participemos en deportes que antes eran demasiado peligrosos. Imagínate bajando en un snowboard por las cuestas de un recientemente mejorado Monte Everest. Tal vez puedas jugar al golf, béisbol, fútbol, tenis, hockey o baloncesto con tu atleta cristiano favorito.

La gente me ha dicho: "Pero no puede haber deportes en el Cielo, porque las competencias sacan a relucir lo peor de la gente." Yo ayudé a entrenar equipos de tenis de la secundaria, así que he visto muy malas actitudes. Pero también he visto muy buenas actitudes. (Y he entrenado a algunos jóvenes cristianos que han sido fabulosos representantes de Jesús.) También he hablado en varias capillas de la NFL (Liga Nacional de Fútbol) y he conocido a muchos jugadores profesionales de fútbol americano que aman a Jesús y que juegan los partidos para la gloria de Dios. Es verdad que algunas personas se comportan muy mal cuando juegan deportes, pero no tiene que ser de esa forma. Y en la Nueva Tierra, los deportes jamás sacarán lo peor de nosotros, porque *no habrá ninguna cosa mala dentro de nosotros que se pueda manifestar.*

Otros dicen: "En los deportes, alguien tiene que perder y en el Cielo nadie puede perder."

¿Quién es el que dice eso? Yo he disfrutado mucho
algunos partidos de tenis que he perdido, y carreras
de diez kilómetros que he perdido. (En realidad,
perdí cada una de esas carreras por un margen
muy grande.) Perder no tiene que arruinarte el día,
¿sabes? —ni siquiera aquí ni ahora. ¡Y por cierto
que *nunca* te lo arruinará en el Cielo!

Piensa en lo que significará para la gente que
nunca ha podido caminar. (Esto incluye a algunos
de ustedes que están leyendo este libro.) Si siempre
has deseado haber corrido las bases y haber bateado
un "jonrón," o pateado una pelota de fútbol, creo
que lo vas a poder hacer. En realidad, no puedo
encontrar ni una sola buena razón para creer que
los deportes no van a ser una parte de nuestras
vidas en la Nueva Tierra. Yo espero ver la mayoría
de las actividades que ahora disfrutamos junto con
muchas otras nuevas en las que no hemos pensado
todavía.

Piensa en esto: Tu deporte favorito en la Nueva
Tierra puede ser uno del que ni siquiera has oído
hablar . . . o que aún no ha sido inventado. Yo tengo
nietos que se llaman Jake, Matthew y Tyler. Algún
día tal vez sean los inventores de uno de esos increí-

blemente populares deportes de la Nueva Tierra que se llamarán usando el nombre de cada uno de ellos.

¿Habrá arte y entretenimiento?

¿Te gusta ir al cine o asistir a una obra de teatro? Tal vez te guste pintar o dibujar. Aunque no lo creas, Dios fue el que inventó el arte. Él creó el universo, y luego escribió, dirigió y tomó el papel principal en la historia más grande. (Se llama el Drama de la Redención.) Él es quien les da a los artistas y a los escritores la mente, las emociones y los sentidos físicos que les dan las ideas.

¿Encontraremos maneras de usar las artes, incluyendo el drama, la pintura, la escultura y la música, para alabar a Dios? ¿Continuarán esos medios artísticos proveyendo placer y entretenimiento a la gente? Yo creo que la respuesta es sí.

Piensa en el gozo que sientes cuando haces una tarjeta para tu mamá o tu abuelo, o cuando haces un dibujo cómico para hacer sonreír a tu hermano. O considera cómo te sentirías si tú y tus primos Andrés y Héctor escribieran y participaran en una obra teatral para presentarla en una reunión familiar. Luego piensa en lo maravilloso que sería crear algo aún mejor en la Nueva Tierra. Tal vez una gran obra teatral escrita por Sara, con la participación estelar de sus hermanas Eliana y Julia, y sus primos David, Samuel y Sergio.

Si creemos que la Nueva Tierra (el Cielo) será mejor que nuestra Tierra presente, entonces seguramente los libros, los dramas y los poemas más grandes todavía no se han escrito. Los autores tendrán nuevas ideas y mejores maneras de pensar. Libros maravillosos, incluyendo emocionantes historias de aventuras, están esperando ser escritos por Andrea y Enrique. (Y las personas estarán ansiosas por leerlos.) Margarita tal vez pinte hermosos paisajes. Es posible que Carlos sea un escultor y que Elena haga hermosas joyas de las que están de moda. Alicia y Santiago tal vez compongan grandes canciones y es posible que Luis sea el baterista principal.

Yo anhelo leer y tal vez escribir libros que describan lo maravilloso que es Dios, lo cual me ayudará a adorarlo mejor. Estoy ansioso por leer acerca de las aventuras que tú y otras personas disfrutarán en el Nuevo Universo. También me gustaría ver tus obras de teatro y pinturas acerca de esas aventuras.

Bien, ahora trata tú: "No puedo esperar para ser parte de _____ (llena el

espacio en blanco) que será pintado/presentado/
producido/puesto en escena por _____
(escribe tu nombre y el de algunos familiares o amigos), todo para la gloria de la persona más importante de la audiencia: ¡el Rey Jesucristo de Nazaret!"

¿Habrá tiendas y otros negocios en el Cielo?

¿Para qué crean y dirigen tiendas y otros negocios
las personas? Tal vez tú digas: "Para ganar dinero."
Bueno, eso es verdad. Pero esa no es la única razón,
¿o sí?

¿No disfruta el gerente de la ferretería ayu-
dando a las personas a encontrar las herramientas
apropiadas para sus trabajos? ¿No disfruta el gran-
jero cultivando productos para que los usen otras
personas? ¿No le gusta cocinar al jefe de cocina y no
le seguiría gustando aunque no necesitara el dinero
que le produce su trabajo? Y a la persona que arre-
gla computadoras ¿no le gusta resolver problemas
y que la gente le diga: "Muchas gracias"? ¿No le
gusta al florista trabajar con flores y hacer arreglos
florales que son realmente hermosos? Y a la señora
que construye muebles especiales ¿no le gusta ver
la mirada de asombro en el rostro de las personas

cuando tocan los muebles que ella ha creado, aunque no puedan comprar esos muebles?

La primera persona que la Biblia describe que fue llena "del Espíritu de Dios" no fue un profeta o sacerdote; fue un artista y artesano (Éxodo 31:1-6). Dios nos creó para que hagamos cosas y para que ayudemos o les traigamos satisfacción a otras personas al hacer esas cosas.

Yo soy escritor y espero ayudar a la gente con lo que escribo. A mí me encanta regalar libros. La verdad es que escribiría libros aunque no me pagaran nada por ellos. (No le digas esto a la gente que publicó este libro.)

Mi esposa y yo hemos tenido la oportunidad de dar nuestro tiempo y dinero a otras personas. Y también hemos recibido regalos generosos de parte de otras personas a través de los años. El dar y el recibir van juntos y los dos producen mucho placer.

La mayor parte de las personas creen que no habrá tiendas ni transacciones comerciales en el Cielo, porque nadie necesitará ganar dinero. Pero, ¿no es Dios el que nos da las habilidades para crear cosas y para prestar servicios que ayudan a otras personas? ¿No querrá él todavía que ayudemos a la gente en la sociedad de la Nueva Tierra aun cuando nadie va a necesitar dinero?

Yo creo que tal vez veamos a personas haciendo negocios en la Nueva Tierra, pero con un propósito diferente. El dinero no tendrá nada que ver con eso. No porque el dinero sea malo (porque no lo es), sino porque nuestras necesidades serán satisfechas sin dinero. Creo que todavía nos vamos a beneficiar del trabajo creativo de otras personas y de los productos que producen o de los servicios que prestan.

Tal vez podríamos decir que no *necesitaremos* casas, comida y bebida, como tampoco necesitaremos productos o servicios, pero de todos modos, ¿no los *disfrutaremos*?

En la Nueva Tierra yo me puedo imaginar a un artista creando una pintura o escultura maravillosa, o creando alguna joya para simplemente regalársela a alguien para proveerle placer a esa persona. Jesús dio su vida por otros sin recibir pago y nosotros seremos como Jesús en el Cielo en lo que respecta a dar.

Jesús, el mayor dador del universo, nos dijo: "Más bienaventurado es dar que recibir" (Hechos 20:35, RV95). La palabra *bienaventurado* incluye el significado de "hacer feliz." Así que la felicidad que

encuentras en darles a otros lo que has hecho, o
darles de tu tiempo para ayudarlos, va más allá del
gozo de recibir. (Cuando *das* algo que has trabajado
mucho para hacer o encontrar, como un regalo de
Navidad, a menudo eso es mucho más divertido
que recibir algo, ¿no es verdad?) Así que imagínate
tiendas en las cuales no se intercambia dinero y
todos son bien recibidos para que entren y miren lo
que hay allí. Si a una persona le gusta un chaleco, el
dueño le diría: "Por favor, lléveselo. Dios me dio la
habilidad de hacerlo y yo disfruté haciéndolo. Me
gustaría compartirlo con usted."

Tal vez la persona que se lleva el chaleco quiera
dejar algo que cosechó en su huerto, o un libro, o
el marco de un cuadro, o un guante de béisbol . . .
¿quién sabe? Haremos todas las cosas para la gloria
de Dios y para el bien mutuo y nada nos hará más
felices. Todo esto profundizará nuestras amistades
con la gente y con Dios.

Los negocios y otros trabajos son importantes
para Dios. Mientras que a Dios le encanta ver a
sus hijos trabajando para ayudar a otras personas,
la Palabra de Dios nos dice: "Hagan lo que hagan,
trabajen de buena gana, como para el Señor y no
como para nadie en este mundo" (Colosenses 3:23).

Por cierto que Dios no necesita nada de nosotros, pero a él le agrada cuando usamos nuestras habilidades para servirlo. Al igual que trabajamos para Dios en la Tierra presente, trabajaremos para él en la Nueva Tierra. ¡Y nos encantará cada minuto que lo hagamos!

¿Habrá computadoras y otra tecnología?

El Cielo ¿sería Cielo sin computadoras ni teléfonos celulares? Por supuesto que sí. Pero ¿eso quiere decir que no van a estar allí? No lo sabemos con seguridad, pero lo que sí sabemos es que Dios no está en contra de la tecnología. Después de todo, Dios nos dio la creatividad de hacerla y la tecnología nos ayuda a gobernar la Tierra, tal como él nos mandó hacer.

Dios creó un cierto orden en el universo y nos dio mentes para que pudiéramos pensar cómo hacer mejor las cosas. Entonces, ¿qué es lo que deberíamos esperar encontrar en la Nueva Tierra? Cosas de la Tierra: mesas, sillas, armarios, vagones, maquinaria, transporte, equipo de deportes y . . . tecnología.

¿Habrá nuevos inventos o mejoras a los inventos viejos? ¿Por qué no? El Dios que le dio a la gente la habilidad de crear seguramente no les va a quitar ese don (Romanos 11:29).

Cuando Dios les dio el jardín del Edén a Adán y Eva, esperaba que ellos hicieran grandes cosas, como cosechar comida y cuidar los árboles, otras plantas y los animales. Eso también es lo que nosotros debemos hacer. A veces la gente no hace lo que Dios quiere que hagan. Pero en la Nueva Tierra, vamos a tener éxito total en cuanto a hacer todo lo que Dios quiere que hagamos.

Muchos de los inventos ayudan a hacer la vida más fácil. Piensa en las lavadoras de platos, los hornos microondas y las computadoras. Pero en la Nueva Tierra probablemente no vamos a tener que buscar continuamente la forma de hacer la vida más fácil. Tal vez disfrutaremos haciendo experimentos. (¿Te gusta a ti hacer experimentos?)

Si la gente no hubiera pecado, ¿aun así habríamos inventado la rueda y creado maquinaria? Por cierto que sí. En la Nueva Tierra, ¿no deberíamos esperar poder inventar toda clase de cosas para el bien de la gente y para mostrar la grandeza de Dios, nuestro Creador?

Piensa en esto: ¿Qué clase de inventos espectaculares te puedes imaginar? Tal vez Dios te ponga en el equipo de diseño que va a realizar esos inventos, o en el equipo de producción que los va a construir. ¿No sería emocionante eso? E imagínate con los ojos de la mente que Jesús está mirando lo que has hecho, que sonríe y te dice: "¡Bien hecho!"

¿Podría algo llegar a ser mejor que eso?

¿Cómo será viajar?

En Narnia, Pedro, Susana, Edmundo y Lucía viajaron a pie, a caballo y en trineo. Pero la primera vez que llegaron a Narnia lo hicieron caminando a través de un ropero. (Un ropero es un mueble alto con puertas, que se usa para guardar ropa.) En Oz, Dorotea usa los pies y en ocasiones un animal, como un mono volador. Cuando ella regresa a Kansas, los zapatos plateados (en la película son zapatos color rubí) son los que la ayudan a viajar. En la Tierra Media, en *El Señor de los Anillos*, la gente viaja a pie, a caballo, en barco o en criaturas voladoras (si son Espectros del Anillo).

¿Cómo te gusta viajar? ¿En avión? ¿En escúter? ¿En monopatín? ¿En bicicleta? ¿A pie? Tal vez te estés preguntando si viajarás en algunas de tus formas favoritas en la Nueva Tierra. Tal vez también te estés preguntando si podrás aparecer de pronto como de la nada, como Jesús lo pudo hacer en su cuerpo resucitado (Juan 20:24-26). ¿Podrás ir a algún lugar simplemente pensando o deseando ir? Tal vez, pero también es posible que aunque nuestros cuerpos sean como el cuerpo de Jesús, su habilidad de aparecer, desaparecer, y elevarse en el aire sea debida al hecho de que él es Dios. No podemos estar seguros, ¡pero lo vamos a saber!

Si sólo va a haber pequeños senderos en la Nueva Tierra, podríamos asumir que caminar va a ser la única forma de viajar. Pero se nos dice que la Nueva Jerusalén tendrá calles y puertas. Eso sugiere por lo menos el uso de carretas o carros tirados por caballos, o algo más avanzado, ya sea automóviles o algo superior.

¿Andaremos en bicicleta? ¿Tendremos máquinas voladoras? ¿Viajaremos en avión a otros lugares fuera de la Nueva Jerusalén? No lo sabemos. Creo que deberíamos usar la prueba del "¿por qué no?" La mejor razón para que algo no esté en la Nueva Tierra es porque es malo. Bueno, ¿hay algo malo en cuanto a las ruedas, los motores, las bicicletas, los automóviles o los aviones? La respuesta es un rotundo no. Por lo tanto, no hay una razón de peso para creer que no vamos a disfrutar de esa clase de viajes en la Nueva Tierra, o de algunos otros métodos de transporte de tecnología más avanzada que todavía no han sido inventados.

Recuerda que la Nueva Tierra no va a ser un retorno completo al jardín del Edén, requiriendo que tengamos que abandonar cosas como los inventos, el transporte y la tecnología. Será una Tierra renovada con personas que tienen mejor cerebro, que son capaces de de diseñar y construir mejores máquinas. Imagínate a científicos y técnicos brillantes con mentes y cuerpos como eran antes de que las primeras personas pecaran, y aun mejores. Estas son personas que nunca morirán y que trabajarán juntas con felicidad y en completa cooperación. ¡Qué maravilla! ¡Tal vez no falta mucho tiempo para que el transbordador espacial parezca muy anticuado!

¿Exploraremos el universo?

Dios no sólo promete hacer una Nueva Tierra, sino también "cielos nuevos" (2 Pedro 3:13, RV95). Los "cielos nuevos" son todo lo que hay en el firmamento (lo que podemos ver y lo que está más allá; es decir, el universo completo).

Puesto que Dios traerá la primera Tierra y la antigua Jerusalén, cambiándolas a ambas a una Versión 2.0, él también puede cambiar galaxias, estrellas, planetas y lunas.

Cuando tenía doce años, vi por primera vez la galaxia Andrómeda a través de un telescopio. Consiste en miles de millones de estrellas y probablemente demasiados planetas para ser contados. Está a casi tres millones de años luz de la Tierra. (Pregúntales a tus padres si puedes mirar fotos de esta galaxia en Internet. Es muy hermosa. Se puede ver a simple vista si sabes exactamente el lugar donde debes mirar.)

Mientras miraba a través de ese telescopio, me sentí anonadado por esa galaxia. Pero yo no sabía nada acerca de Dios, y me sentí muy pequeño y solo. Años más tarde, escuché la historia de Jesús sobre la salvación. Después de que acepté a Jesús como mi Salvador, descubrí que mirar por el telescopio había cambiado para mí. Se convirtió en una acción de adoración. Me sentí muy bien porque conocía al Dios que hizo este increíble universo.

Puesto que la galaxia Andrómeda es parte de

esta creación, la promesa bíblica de cielos nuevos sugiere que habrá una nueva galaxia Andrómeda. Desde la época en que por primera vez vi ese lugar como una mancha borrosa en mi telescopio, siempre he querido ir allí. Ahora creo que es posible que un día lo pueda hacer.

Dios hizo miles de millones de galaxias que contienen tal vez billones de estrellas, planetas y lunas. No muchas personas han visto más de unos pocos miles de estrellas, y esas estrellas sólo han sido vistas como puntos en el firmamento. Los cielos señalan la gloria de Dios ahora y sabemos que estaremos alabando a Dios para siempre. Así que ¿no crees que explorar los nuevos cielos y gobernar sobre ellos posiblemente sea parte del plan de Dios?

Muchos de nosotros hemos disfrutado del placer de viajar en esta Tierra. La gente viaja a través de los océanos y a través del espacio porque Dios nos hizo con el deseo de explorar y con la creatividad de hacer que ese deseo sea una realidad.

¿Cómo será viajar en ambos, la Nueva Tierra y el Nuevo Universo? Tal vez has leído sobre algunas personas, especialmente los astronautas, que han hecho viajes sorprendentes y has deseado poder hacer lo mismo. Yo creo que es muy probable que lo puedas hacer en el Nuevo Universo.

De paso, espero que cuando estudies ciencias, eso te ayude a ver lo creativo y maravilloso que es Dios. Con toda seguridad, los científicos que dicen que no hay Dios están completamente equivocados. Pero muchos científicos se dan cuenta de que este maravilloso universo provee pruebas de cuán grande es nuestro Creador. Sé que en la Nueva Tierra te encantará estudiar el universo de Dios para aprender más acerca de él; ¿por qué no comenzar ahora?

¿Habrá extraterrestres en otros planetas?

La pregunta de si hay o no extraterrestres en otros planetas ha sido discutida durante siglos. No hay ningún pasaje en la Biblia que pruebe si Dios los ha creado o no, o que creará o no otras razas de seres inteligentes. Por cierto que lo podría hacer, ya sea en la Tierra o en otros planetas esparcidos a través del Nuevo Universo.

Dios ya ha creado varias clases de seres inteligentes, incluyendo a los ángeles y a los seres humanos. Los "seres vivientes" que adoran a Dios en el Cielo son claramente diferentes de la mayoría de los ángeles (Apocalipsis 4:6-11). Y como hemos visto, había animales "astutos" en el jardín del Edén, sugiriendo un alto nivel de inteligencia.

La Biblia es clara en cuanto a que habrá "cielos nuevos," lo que quiere decir un universo nuevo de estrellas y planetas. Es posible que Dios ponga criaturas inteligentes en ellos. Dios es el Creador. Él nunca dejará de ser lo que es. En el mundo por venir, deberíamos esperar nuevas y sorprendentes creaciones que le den honor a él, porque a Dios nunca se le acaban las maneras de crear cosas. Y digámoslo tal como es, a Dios le encanta crear vida.

Tal vez algunas personas digan: "Imaginarse que Dios va a poblar mundos con nuevos seres humanos es pura ciencia ficción." Tal vez tenemos esto al revés. Los escritores son los que crean la ciencia ficción y a los lectores les gusta porque Dios ha puesto dentro de nosotros un sentido de aventura, maravilla e imaginación. Puesto que Dios tiene un historial establecido de crear criaturas inteligentes, no es ciencia ficción sugerir que él lo pueda hacer de nuevo en el Nuevo Universo.

Al igual que cualquier otra cosa que hacen los seres humanos pecadores, algunas historias de ciencia ficción están basadas en ideas falsas que no incluyen a Dios. Pero esto no debería causar que no consideráramos ninguna de las ideas de la ciencia ficción sobre lo que pudiera ser un universo nuevo. Sabemos que nuestro creativo Dios será el que forme el Nuevo Universo. (No va a suceder por un proceso gradual de evolución.) ¿Es la imaginación de Dios menor que la de sus criaturas? ¡Por supuesto que no! Él hará lo que quiera hacer y creará lo que quiera crear en los siglos venideros. Él lo hará y nosotros seremos felices —*realmente felices*— con lo que él elija hacer.

¿Viajaremos en el tiempo?

Debido a que Dios no está limitado por el tiempo, él puede escoger mostrarnos eventos pasados como si estuvieran sucediendo en este momento. Tal vez podamos estudiar historia desde un asiento de la primera fila. Es posible que podamos ver las vidas de nuestros abuelos, y de sus padres y sus abuelos, como las vivieron en la presente Tierra. Tal vez podamos observar a nuestros personajes bíblicos favoritos en acción —en la realidad, no sólo en una película o en una obra teatral.

O tal vez veamos cómo nuestros pequeños hechos de fidelidad y obediencia cambiaron las vidas de otras personas. Tal vez veamos cómo ayudamos a algunas personas a interesarse en seguir a Cristo. (Afortunadamente, todavía tenemos tiempo de hacer una diferencia en las vidas de las personas, una diferencia por la que ellos —y nosotros— estaremos agradecidos más tarde.)

¿Te parece muy extraña la idea de viajar en el tiempo como una posibilidad real en la Nueva Tierra? Piensa en esto un poco más. Si Dios no pudiera dejarnos ver el pasado, no sería Dios. Así que la pregunta es la siguiente: ¿Tendría él buenas razones para hacerlo? Una razón podría ser mostrarnos la forma en que nos ayudó y nos cuidó en esta Tierra. ¿No nos revelaría eso la grandeza de Dios y nos haría darle la gloria?

Nuestro Dios es llamado "aquel que es poderoso para hacer todas las cosas mucho más abundantemente de lo que pedimos o entendemos" (Efesios 3:20, RV95). Eso significa que *no hay límite* para todo lo que Dios puede hacer, muchísimo más de lo que podemos imaginarnos. ¡Qué maravilla!

Cuando conocemos a Dios y sabemos lo

maravilloso que es, podemos estar seguros de esto: Lo que sea que tengamos por delante, en los cielos nuevos y en la Nueva Tierra, es mucho mejor de lo que tú o yo podamos concebir.

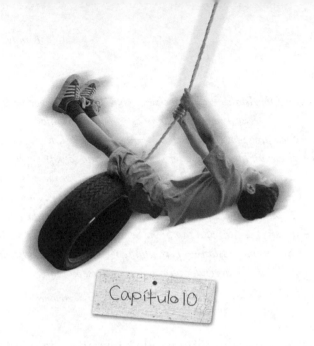

Capítulo 10

¿CÓMO PODEMOS SABER QUE VAMOS AL CIELO?

Les escribo estas cosas a ustedes que creen en el nombre del Hijo de Dios, para que sepan que tienen vida eterna.

1 JUAN 5:13

—¡Oh, Aslan! —dijo Lucía—. ¿Nos dirás cómo podemos
llegar a tu país desde nuestro propio mundo?
—Siempre se los estaré diciendo —respondió Aslan—, pero no
les diré cuán largo o corto será el camino; sino sólo que el camino
va a través de un río. Pero no deben temer, porque yo soy el
Gran Constructor del Puente. Y ahora vengan. Voy a abrir
la puerta en el cielo y los enviaré a su propio mundo. . . .
—¿Estás . . ., estás allá también, Señor? —preguntó Edmundo.
—Sí —repuso Aslan—, pero allá tengo otro nombre. Ustedes
deben aprender a conocerme por ese nombre.

C. S. LEWIS, *La Travesía del "Explorador de Amanecer"*

Una niña estadounidense de once años de edad le
escribió a C. S. Lewis en Inglaterra para averiguar
el nombre verdadero de Aslan en la Tierra. Lewis
le contestó la carta y le preguntó:

En cuanto al otro nombre de Aslan, bueno,
quiero que tú lo adivines. ¿Ha habido alguna vez
alguien en este mundo que (1) llegó al mismo
tiempo que la Navidad; (2) dijo que era el hijo
del gran Emperador; (3) se dio a sí mismo por
los pecados de otros para ser burlado y muerto
por personas malvadas; (4) volvió a la vida de
nuevo; (5) se habla de esta persona a veces como
un Cordero? . . . ¿No sabes en realidad su nombre en este mundo? Piénsalo y luego déjame

saber tu respuesta. (*Las Cartas de C. S. Lewis a los Niños*, Lyle W. Dorsett y Marjorie Lamp Mead, Editores)

Tú sabes quién es realmente Aslan, ¿no es verdad? Además de saber el nombre de Jesús, sin embargo, ¿has llegado a conocer a Jesús como tu Salvador y Señor y mejor amigo?

Jesús dijo: "Yo soy el camino, la verdad y la vida; nadie viene al Padre sino por mí" (Juan 14:6, RV95).

En los tiempos de la Biblia, cada ciudad mantenía una lista de todos los que vivían allí. Se colocaban guardias en las puertas de la ciudad para no dejar entrar a los criminales y a los enemigos, al verificar sus nombres con la lista. La Palabra de Dios explica que el Cielo será como esas ciudades: "Nunca entrará en [la ciudad] nada impuro, ni los idólatras ni los farsantes, sino sólo aquellos que tienen su nombre escrito en el libro de la vida, el libro del Cordero" (Apocalipsis 21:27).

A Jesús se le llama el Cordero, porque los corderos eran sacrificados como ofrendas para pagar por los pecados. Como el Cordero de Dios, Jesús murió por los pecados del mundo (Juan 1:29). Y él tiene el "libro de la vida," que está lleno de los nombres de todos aquellos que son sus seguidores y vivirán con él en el Cielo para siempre.

La cantante de la boda y el libro

Hace algunos años, algo muy inusual le pasó a una cantante profesional que conozco que se llama Ruthanna. Su historia nos ayuda a entender lo importante que es tener nuestros nombres escritos en el libro de la vida del Cordero.

Ruthanna y su esposo estaban muy entusiasmados porque le habían pedido a ella que cantara en la boda de un hombre muy rico. La fiesta después de la boda tendría lugar en los dos pisos superiores de un rascacielos en la ciudad de Seattle. Los camareros, en trajes de gala, ofrecían exquisita comida y bebidas. La novia y el novio cortaron una cinta al pie de la escalera que llevaba al piso de arriba y subieron, seguidos por sus invitados.

En la parte de arriba de la escalera, había un hombre con un enorme libro abierto delante de sí. Él hablaba con cada persona que estaba a punto de atravesar la puerta. A cada persona le preguntaba: "¿Me podría decir su nombre, por favor?"

A continuación el hombre verificaba que el nombre estuviera en la lista antes de dejar a alguien entrar a la fiesta.

Cuando Ruthanna y su esposo llegaron a la puerta, ella le dio al hombre los nombres de ellos: —Soy Ruthanna Metzgar y él es mi esposo, Roy.

El hombre buscó los nombres que comenzaban con la letra *M*. —No encuentro su nombre. Por favor, ¿me lo podría deletrear?

Ruthanna le deletreó su nombre lentamente. Después de buscar en el libro, el hombre le dijo: —Lo siento, pero su nombre no está aquí.

—Debe haber algún error —respondió Ruthanna—. Yo soy la cantante. ¡Canté en esta boda!

El hombre respondió: —No importa quién es usted o lo que hizo. Sin su nombre en el libro, usted no puede entrar a la fiesta.

Él le hizo señas a un camarero y dijo: "Acompaña a estas personas al ascensor de servicio, por favor."

El matrimonio siguió al camarero pasando por el costado de hermosas mesas decoradas y llenas de comida que se veía muy buena. El otro cuarto se estaba llenando con gente muy bien vestida que se estaban divirtiendo mucho.

El camarero guió a Ruthanna y a Roy al ascensor de servicio y presionó el botón *E* para que los llevara al estacionamiento de vehículos. Encontraron su automóvil y en silencio se alejaron del lugar. Después de algunos minutos, el esposo de Ruthanna le preguntó qué había pasado.

"Cuando llegó la invitación, yo estaba muy ocupada," respondió Ruthanna. "No me preocupé por mandar la respuesta de que asistiríamos a la fiesta. Además, yo era la cantante. Pensé que no tenía que responder a la invitación para ir a la fiesta."

Ruthanna comenzó a llorar. En parte fue porque había perdido el banquete más lujoso al que jamás había tenido oportunidad de asistir. Pero en parte fue porque ahora tenía una pequeña idea de lo que un día será para las personas que están de pie delante de Cristo y encuentran que sus nombres no están escritos en el libro de la vida del Cordero.

La invitación de Cristo a su fiesta está registrada en el último capítulo de la Biblia: "El que tenga sed, venga; y el que quiera, tome gratuitamente del agua de la vida" (Apocalipsis 22:17).

Muchas personas han estado demasiado ocupadas para responder a la invitación de Cristo a su fiesta. Algunas piensan que entrarán al Cielo para asistir a la mejor fiesta que jamás se haya dado, sólo porque han tratado de hacer cosas buenas, como ir a la iglesia, haberse bautizado o haber ayudado con los niños pequeños.

Pero las personas que no le dicen sí a la invitación que les hace Cristo de perdonarles sus pecados son personas cuyos nombres no están escritos en el libro de la vida del Cordero. Y si a ti no te dejan entrar al banquete de bodas del Cielo, el único lugar al que irás no será un garaje; será el Infierno.

No habrá ninguna excusa lo suficientemente buena por haberle dicho no a Jesús. Si nuestros nombres no están escritos en el libro, no nos van a dejar entrar.

¿Le has dicho sí a la invitación de Cristo de unirte a él en la fiesta de bodas? ¿Le has pedido a Jesús que te perdone tus pecados para pasar la eternidad con él en su casa? Si lo has hecho, tienes razones para estar feliz —las puertas del Cielo estarán abiertas de par en par para ti.

Si has estado posponiendo tu respuesta a Jesús, ahora sería un buen momento para poner tu confianza en él y decirle sí a su invitación.

Un resumen del evangelio

Cuando tus padres quieren llevarte a un lugar en el
cual nunca han estado antes, ¿qué es lo que hacen?
Piden direcciones a alguna persona que sabe dónde
queda ese lugar, se fijan en un mapa, o usan un programa de Internet llamado MapQuest. Tú confías
en que *no* van a tratar de adivinar dónde queda ese
lugar.

¿Quieres estar seguro de que vas al Cielo? Deja
que estos versículos del libro de Romanos en la
Biblia sean tu guía:

1. Pues todos han pecado y están privados de la
gloria de Dios (Romanos 3:23).

> En el capítulo uno, respondí a la siguiente pregunta: "Si
> somos buenos, ¿quiere decir eso que algún día iremos al
> Cielo?" En mi respuesta dije que todos nosotros hemos
> hecho cosas malas. Tal vez tú digas: "Pero no las quise hacer,"
> o las puedes llamar fracasos o errores o "mis días malos."
> Pero la Biblia las llama una palabra que tiene seis letras:
> pecado. Pecar quiere decir romper cualquiera de las reglas
> de Dios como no mentir, no robar o *cualquier* otra cosa
> mala. Dios es el único modelo perfecto que tenemos para
> seguir y él nunca peca. Eso quiere decir que nunca podemos
> llegar cerca de su maravilloso y glorioso criterio —es decir,
> no por nuestra cuenta. Sin embargo, Dios no sólo establece
> el criterio, sino que también provee una manera para que

nosotros podamos alcanzar ese criterio. Continúa leyendo.
(Advertencia: Las noticias son peores antes de ser mejores.
Pero si lees todo, tendrá sentido, y debería hacerte feliz.)

2. Porque la paga del pecado es muerte, mientras que la dádiva de Dios es vida eterna en Cristo Jesús, nuestro Señor (Romanos 6:23).

Cada persona recibe el pago por su pecado. Es como un
sueldo que ganamos, pero no es algo que anhelemos recibir,
como dinero en efectivo o un cheque. Debido a que Adán
y Eva eligieron seguir el consejo de Satanás en el jardín del
Edén (Génesis 3), todas las personas nacen con el deseo
de hacer las cosas a su manera y no según la de Dios. Esto
quiere decir que somos pecadores, y el resultado del pecado
es la *muerte*. La muerte espiritual es la separación de Dios en
un lugar muy real llamado el Infierno.

Esa es la mala noticia. La buena noticia es que Dios
tiene un regalo gratis que nos está esperando. Ese regalo
gratis es lo opuesto al pago que merece nuestro pecado. Es
un regalo que durará para siempre: *la vida eterna*.

Has estado leyendo sobre la vida eterna a través de
todo este libro. Enseguida después de la muerte, los hijos
de Dios disfrutarán de la vida en el Cielo presente. Eso será
seguido por el retorno de Cristo y finalmente por la vida en
la Nueva Tierra, donde Dios morará con nosotros para siempre. La Nueva Tierra estará en el centro del Cielo eterno.
Esta vida que no tendrá fin será muy divertida, emocionante,
sorprendente y más maravillosa que cualquier cosa que hayas
experimentado jamás. Ver a Dios y adorarlo y caminar en la

Nueva Tierra con Jesús y con todas las personas que amamos . . . ¡será maravilloso!

¿Por qué nos ofrece Dios un regalo tan increíble? Sigue
leyendo. (De ahora en adelante, las noticias son mucho
mejores.)

3. Pero Dios muestra su amor para con nosotros, en que siendo aún pecadores, Cristo murió por nosotros (Romanos 5:8, RV95).

Dios creó a las personas porque él es un Dios de amor y
quiere que lo amemos. Pero las cosas malas que pensamos
y hacemos nos separan de Dios. Debido a que todos nosotros hemos echado a perder las cosas, no podemos entrar al
Cielo como somos. Pero, sin embargo, Dios siempre tuvo un
plan para ayudarnos. Él envió a su Hijo, Jesús, a morir por
nosotros. Jesús, que nunca hizo nada malo, fue la elección
perfecta.

Cuando fue crucificado (clavado en una cruz para
morir), Jesús tomó un castigo que *él* no merecía para que
nosotros pudiéramos vivir para siempre en el Cielo que
nosotros no merecemos. Nuestro boleto para entrar al Cielo
es gratis, al igual que el que Aslan le ofreció a Edmundo
en *El León, la Bruja y el Ropero*. Aslan hizo todo el trabajo
—lo único que tenía que hacer Edmundo era pedir perdón
y aceptar el regalo de Aslan de morir por él. Bien, Dios hace
esto posible para que toda la gente —todos los que han
pecado— puedan vivir con él. Es un regalo maravilloso; pero
para que te beneficies de él, ¿no lo tienes que abrir?

Si te llega por correo un paquete a la puerta de tu casa,
pero tú no lo abres, nunca experimentarás el placer que ese

regalo podría haberte dado. Si dejas que los regalos de Navidad que tienen tu nombre se queden debajo del árbol de Navidad (te apuesto a que nunca lo has hecho), no podrás disfrutar de esos regalos, ¿no es verdad?

Así que, ¿cuál es tu parte en todo esto? ¿Cómo recibes el regalo de Dios para ti?

4. Si confiesas con tu boca que Jesús es el Señor y crees en tu corazón que Dios lo levantó de entre los muertos, serás salvo, porque con el corazón se cree para justicia, pero con la boca se confiesa para salvación (Romanos 10:9-10, RV95).

Confiesa con tu boca. *Confesar* es una pequeña palabra que trae grandes resultados. Confesar algo significa admitirlo. Confesar que Jesús es Señor es admitir que él es Dios y que tú quieres que él (y no tus pecados) sea el Señor —el Rey— de tu vida, ahora y para siempre.

¿Qué es lo que necesitas creer? Que Jesús, el Hijo de Dios, murió y resucitó. En otras palabras, la Pascua no es una fiesta en la que el conejito le trae huevos a toda la gente. (Puedes leer sobre la primera Pascua —el domingo de Resurrección— en Juan 20.)

Pero creer no es sólo admitir que algo es cierto. Después de todo, aun Satanás y los demonios creen que Jesús murió y resucitó. En la Biblia, la palabra creer involucra confiar. Es una creencia que lleva a una elección. Elegimos depender de Jesús y seguirlo, buscando hacer lo que él nos dice que hagamos.

Cree en tu corazón. Si crees con todo tu corazón que Jesús realmente murió y resucitó, serás hecho "justo" con Dios. ¿Recuerdas el punto 1 de esta guía que habla de entrar al Cielo (en la página 186)? Cuando confías en Jesús, ya no tienes que preocuparte de no alcanzar el ideal divino. Dios ya no ve tus pecados. Él ve a su Hijo perfecto, Jesús, frente a ti. Dios sabe que estás siguiendo a Jesús y que algún día él tendrá un hogar listo para ti en el Cielo.

Jesús les dijo a sus discípulos: "Alégrense de que sus nombres están escritos en el cielo" (Lucas 10:20). Esa es una referencia a estar inscrito en el libro de la vida del Cordero. ¿Puedes pensar en algo que nos pudiera dar más gozo que eso?

Jesús también dijo: "Les digo que así es también en el cielo: habrá más alegría por un solo pecador que se arrepienta, que por noventa y nueve justos que no necesitan arrepentirse" (Lucas 15:7). Arrepentirse significa decir que estábamos equivocados y que lo lamentamos, y pedirle a Dios que nos perdone. Jesús está diciendo que cuando alguien se arrepiente y se vuelve a Dios, ¡en el Cielo hay una fiesta con mucha celebración!

Los que están en el Cielo ¿han podido celebrar porque tú te has arrepentido de tus pecados y has confiado en Cristo para que te salve? ¿O todavía están esperando que lo hagas? Ahora mismo puedes admitir que has hecho cosas malas y pedirle a Dios que te perdone.

Recuerda que hemos sido creados para una persona y para un lugar. Jesús es la persona y el Cielo es el lugar. No tienes que estar dudando de si vas a ir al Cielo o no. Puedes saberlo hoy mismo. (Si tienes preguntas o dudas en cuanto a esto, habla con uno de tus padres o abuelos, o alguien de tu iglesia que conoce a Jesús. Ellos estarán muy contentos de ayudarte.)

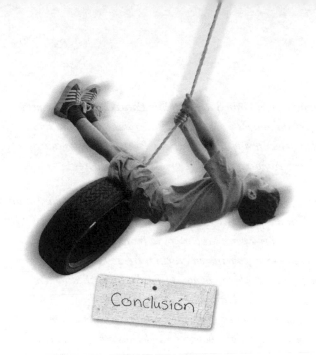

LA GRAN HISTORIA QUE CONTINÚA PARA SIEMPRE

Dios nos resucitó y nos hizo sentar con él en las regiones celestiales, para mostrar en los tiempos venideros la incomparable riqueza de su gracia.

EFESIOS 2:6-7

*Entonces, en el Gran Salón de Cair Paravel . . . en presencia
de todos sus amigos y al sonido de las trompetas, Aslan coronó
solemnemente a los cuatro niños y los instaló en los cuatro
tronos, en medio de gritos ensordecedores:*

*"¡Que viva por muchos años el rey Pedro! ¡Que viva por muchos años
la reina Susana! ¡Que viva por muchos años el rey Edmundo! ¡Que
viva por muchos años la reina Lucía!"*
*"Una vez rey o reina en Narnia, eres rey o reina para
siempre. ¡Séanlo con honor, Hijos de Adán! ¡Séanlo con
honor, Hijas de Eva!" dijo Aslan. . . .*
*Los niños sentados en sus tronos, con los cetros en sus manos,
otorgaron premios y honores a todos sus amigos. . . . Esa
noche hubo un gran festín en Cair Paravel.*

C. S. Lewis, *El León, la Bruja y el Ropero*

Cuando Emily Kimball, de cinco años de edad, fue hospitalizada y escuchó que iba a morir, comenzó a llorar. Aunque ella amaba a Jesús y quería estar con él en el Cielo, no quería dejar a su familia.

Entonces la madre de Emily tuvo una idea fantástica. Le pidió a Emily que pasara por una puerta hacia otro cuarto y cerró la puerta detrás de la niña. Uno por uno, todos los miembros de su familia comenzaron a pasar por la puerta y se reunieron con ella en ese cuarto.

Su madre le explicó que así sería cuando Emily muriera. Esto tuvo sentido para la niña. Emily sería la primera en atravesar la puerta de la muerte. Finalmente, el resto de la familia la seguiría, uniéndose a ella en el otro lado. Allí estarían todos juntos otra vez, después de haber estado separados por poco tiempo.

La nueva imagen en la mente de Emily fue de mucho aliento para ella. (Anhelo conocer a Emily cuando yo vaya al Cielo. Tal vez tú también la quieras buscar para conocerla. Tal vez todos podamos tener una fiesta juntos.)

La figura hubiera sido aún más completa si alguien que representara a Jesús hubiera estado en el cuarto para saludar a Emily cuando entró —junto con ángeles y personajes bíblicos y seres queridos que ya habían muerto. También hubiera ayudado si el cuarto fuera hermoso, con muchas cosas emocionantes para hacer. Y aún mejor si hubiera contenido dibujos de una enorme e inexplorada Nueva Tierra, adonde Emily y su familia y sus amigos irán un día a vivir con Jesús para siempre. Porque . . . si lo conocemos, eso es *exactamente* lo que promete la Biblia y es lo que nosotros podemos anhelar.

Mi esposa, Nanci, y yo hemos pasado momentos maravillosos con nuestra familia y amigos —durante la Navidad, en las vacaciones, en restaurantes, en eventos deportivos, o simplemente en la sala de estar después de la cena. Algunas veces han sido momentos tan buenos que hemos dicho: "No hay nada mejor que esto." ¿Has tenido algún momento en tu vida en que te sentiste de esta manera?

Bueno, ¿sabes qué? *Sí* hay algo mejor. ¡Y es una gran noticia! No importa que tan buenos hayan sido nuestros mejores momentos en esta vida, porque son sólo una pequeña muestra de lo que hay por venir. ¡El momento más común en el Cielo será mucho mejor que el momento más especial aquí! Y nunca nos vamos a tener que preocupar de que las cosas puedan cambiar para peor, porque eso nunca sucederá.

Viviendo ahora en la luz del Cielo

Espero que estés entusiasmado en cuanto a ir al Cielo. Espero que pienses en el Cielo todos los días. Recuerda que la Biblia dice que debemos concentrar nuestra atención en "las cosas de arriba" (Colosenses 3:1-2).

Si pensamos en lo que Dios nos dice acerca del Cielo, no vamos a creer las mentiras de Satanás en cuanto a ese lugar.

Escucha lo que dice Pedro, uno de los discípulos de Jesús, sobre la forma en que deberíamos vivir porque sabemos que vamos al Cielo:

¿No deberían vivir ustedes como Dios manda, siguiendo una conducta intachable y esperando ansiosamente la venida del día de Dios? . . . Pero, según su promesa, esperamos un cielo nuevo y una tierra nueva, en los que habite la justicia.

Por eso, queridos hermanos, mientras esperan estos acontecimientos, esfuércense para que Dios los halle sin mancha y sin defecto, y en paz con él. Tengan presente que la paciencia de nuestro Señor significa salvación. (2 Pedro 3:11-15)

Si entendemos lo que "un cielo nuevo y una tierra nueva" realmente significan, vamos a esperarlos con ansias. (Y si no los anhelamos, eso debe querer decir que nos los entendemos.)

Pero fíjate en el énfasis de Pedro cuando dice que debemos vivir "como Dios manda, siguiendo una conducta intachable." Dice que mientras que esperamos nuestro futuro eterno con Dios, debemos esforzarnos para que Dios nos halle "sin mancha y sin defecto."

Ahora es nuestra oportunidad de vivir para Jesús en un mundo en el que la mayoría de la gente no cree en él. Pero si obedecemos la Palabra de Dios y no cedemos a la presión de hacer cosas malas, agradamos a Jesús y nos preparamos para vivir para siempre en el Cielo.

Esperar con ansias el Cielo hace que las decisiones difíciles sean más fáciles. Nos ayuda a resistir la tentación. Moisés se mantuvo fiel a Dios porque "tenía la mirada puesta en la recompensa" que Dios le daría (Hebreos 11:26).

Pregúntate a ti mismo si en realidad crees que vas a vivir para siempre en un lugar donde Cristo es el centro de todo y la fuente de todo gozo. ¿Crees que Dios está usando aun los tiempos difíciles en tu vida para prepararte para que seas uno de los gobernantes de la Nueva Tierra? ¿En realidad anhelas una Nueva Tierra "en la que habite la justicia" de Dios?

Si la quieres —y espero que así sea— entonces querrás tener un anticipo del Cielo viviendo para Jesús *ahora* mismo.

Y no te olvides de la otra razón de Pedro por

la que Cristo está esperando para traer su reino a la Tierra para siempre. Él quiere que haya tiempo para que "todos se arrepientan" (2 Pedro 3:9). Si tú ya conoces a Jesús, entonces mira a tu alrededor y pregunta por quién puedes orar y compartir a Jesús mientras todavía hay tiempo.

Adiós a las Tierras Irreales

En el libro final de la serie de Narnia, llamado *La Última Batalla*, C. S. Lewis pinta un cuadro maravilloso del Cielo. Al principio del libro, Jill y Eustaquio están viajando en un tren cuando de pronto se encuentran en Narnia. Cuando sus aventuras parecen haber terminado, los niños ven muchas cosas hermosas y disfrutan de muchos buenos amigos. Ellos no quieren dejar las maravillas de Narnia y especialmente a Aslan. Temen ser enviados de vuelta a la Tierra.

Entonces el León les da buenas noticias a los niños:

"*Hubo* realmente un accidente de trenes," expresó Aslan suavemente. "Tu padre y tu madre y todos ustedes están . . ., como solían

decirlo en las Tierra Irreales . . ., muertos. Las
clases han terminado: han comenzado las
vacaciones. El sueño ha concluido: esta es la
mañana."

Lewis concluye las Crónicas de Narnia con
uno de mis párrafos favoritos:

> Y en tanto él hablaba, ya no les parecía un león;
> mas las cosas que comenzaron a suceder de ahí
> en adelante fueron tan grandiosas y bellas que
> no puedo escribirlas. Y para nosotros este es
> el final de todas las historias, y podemos decir
> con toda verdad que ellos vivieron felices para
> siempre. Pero para ellos era sólo el comienzo
> de la historia real. Toda su vida en este mundo
> y todas sus aventuras en Narnia habían sido
> nada más que la tapa y el título: ahora, por fin,
> estaban comenzando el Capítulo Primero de la
> Gran Historia, que nadie en la tierra ha leído;
> que nunca se acaba; en la cual cada capítulo es
> mejor que el anterior.

¿No suena maravilloso eso? Bueno, aunque la
historia es ficción, esas palabras hablan de algo que

es absolutamente verdad. Después de leer este libro (el que tienes en las manos) y de escuchar lo que la Biblia dice acerca de Dios y del Cielo, espero que estés realmente entusiasmado en cuanto a tu hogar en el Cielo.

Si conoces a Jesús, anhelo conocerte algún día, porque estaremos juntos en el Cielo. Y después de eso, caminaremos en la Nueva Tierra lado a lado. Nos vamos a sonreír, vamos a reír, contaremos las mejores historias y tendremos nuevas aventuras. Cada capítulo de nuestras vidas será mejor que el anterior.

En la Nueva Tierra, con el Señor que amamos, y con nuestra familia y amigos que también lo aman, comenzaremos la más grande de todas las aventuras. Viviremos en un nuevo universo glorioso que está esperando que lo gobernemos y exploremos bajo el liderazgo de Jesús. *Él* será el centro de todas las cosas, la fuente de todo gozo. Debido a quién es nuestro Dios y a lo mucho que nos ama, *su gozo será nuestro gozo*. Y por lo tanto, nuestro gozo no tendrá fin.

Y justo cuando nos digamos a nosotros mismos: *No puede haber nada mejor que esto* —¡lo habrá!

• • •

"Dicen que Aslan se ha puesto en movimiento . . .
Quizás ha aterrizado ya."
En ese momento sucedió una cosa muy curiosa.
Ninguno de los niños sabía quién era Aslan, pero en el mismo
instante en que el Castor pronunció esas palabras, cada uno de ellos
experimentó una sensación diferente.
A lo mejor les ha pasado alguna vez en un sueño que alguien dice
algo que uno no entiende, pero siente que tiene un enorme significado.
. . . Puede ser aterrador, lo cual transforma el sueño en pesadilla. O
bien, encantador, demasiado encantador para traducirlo en palabras.
Esto hace que el sueño sea tan hermoso que uno lo recuerda durante
toda la vida y siempre desea volver a soñar lo mismo.
Una cosa así sucedió ahora. El nombre de Aslan despertó algo en el
interior de cada uno de los niños. Edmundo tuvo una sensación de
misterioso horror. Pedro se sintió de pronto valiente y aventurero.
Susana creyó que alrededor de ella flotaba un aroma delicioso, a la
vez que escuchaba algunos acordes musicales bellísimos. Lucía experi-
mentó un sentimiento como el que se tiene al despertar una mañana y
darse cuenta de que ese día comienzan las vacaciones o el verano.

C. S. Lewis, *El León, la Bruja y el Ropero*

Acerca del Autor

RANDY ALCORN es el fundador y director de Eternal Perspective Ministries (EPM). Esta organización ayuda a personas necesitadas y enseña a la gente a enfocarse para vivir ahora en la luz de nuestro futuro hogar en el Cielo.

Fue pastor durante catorce años antes de fundar EPM en 1990. Randy es maestro y también un conferencista popular. Ha sido entrevistado en más de quinientos programas de radio y televisión.

Randy es autor de veintitrés libros (con tres millones de ejemplares impresos), incluyendo *El Cielo, 50 Días del Cielo, The Purity Principle, The Treasure Principle* y *In Light of Eternity*. Sus novelas incluyen *Deadline, Dominion, Deception, Edge of Eternity, Lord Foulgrin's Letters* y *The Ishbane Conspiracy* (la cual escribió en colaboración con sus hijas). Su novela *Safely Home* ganó el premio Gold Medallion como la mejor novela del año. Él también ha escrito un libro de dibujos para niños pequeños titulado *Wait Until Then* (2007).

Randy vive en Oregón con su esposa, Nanci, quien es su mejor amiga. Tienen dos hijas, Karina

Franklin y Angela Stump (las dos están casadas con muy buenos muchachos de nombre Dan). Tienen tres nietos: Matthew Franklin, Jake Stump y Tyler Stump.

Visita el sitio en Internet de Randy en www.epm.org

Para padres y niños mayores: Si quieren aprender mucho más acerca del Cielo y de la Nueva Tierra, y sobre las cosas emocionantes que Dios tiene preparadas para nosotros, lean el libro de 356 páginas de Randy Alcorn titulado *El Cielo*, publicado por Tyndale Español. Para reflexiones más breves sobre el mundo venidero, lean el libro de Randy titulado *50 Días del Cielo,* que será publicado por Tyndale Español en 2008.

También disponible por Tyndale Español

50 DÍAS DEL CIELO

¡Estas 50 meditaciones inspiradoras acerca del Cielo tocarán su corazón, capturarán su imaginación y cambiarán su forma de pensar acerca del nuevo y espectacular universo que nos espera!

- También disponible en inglés -
50 DAYS OF HEAVEN